地域活性化シリーズ

# 椿王国
## －伊豆大島里山エコトピア構想－

炭焼三太郎・鈴木克也 編著

エコハ出版

イラスト：重盛光明

# はしがき

　伊豆大島は伊豆半島から南東25㎞、東京から南方120㎞の太平洋に浮かぶ離島であり、面積約91㎢である。

　島の中心には海底から1,000mに達する活火山三原山がある。富士箱根火山帯の一部であり、これまで何回かの大爆発を繰り返してきた。近年だけでも1912年、1950年、1980年、1986年の噴火がある。直近では、五年前の土石流がある。

　しかし、この島は本州とは違った自然、歴史、文化等の魅力に満ちている。

　歴史は古く、今から4万年前の縄文の遺跡があるし、日本書紀には神武東征の中にも出てくる。

　平安末期には、源頼朝の祖父が、この地に流されながらも島民に愛され、豊かな生活を過ごした史跡があるし、江戸時代には、南廻りの北前船が江戸への物資輸送に活躍するようになり、太平洋側海路の「風待ち港」として波浮の港が開かれ、椿油などの産もあり、大いに賑わった。

　椿は古くからこの島に自生していたが、江戸時代になると椿油が髪の手入れに良いということで一挙に拡がり、今では椿は全島に1万本以上あり、全国第1位で、ブランドとしてもよく知られている。

　明治・大正・昭和にかけては、椿油が庶民のロマンの対象ともなり、文学などでも多く取り上げられるようになった。

　このように伊豆大島は、本州と離れた小さな島の中に、独特の自

然・歴史・文化が累積している。

　観光面では、1964年には箱根伊豆国立公園に組み込まれ、2010年にはジオパークとしての認定も受けている。

　しかし、時代の流れの中で、観光パターンが変化し、化粧品の多様化で、椿油も絶対的なポジションを持たなくなってきており、島全体の今後のあり方については、新しい観点から位置づけし直してみることが、必要となってきている。

　この機会に島全体を「エコトピア」の考えのもとに見直し、新しい方向付けを行う事が必要と考え、本書を刊行することにする。


鈴木克也

# 目　　次

はしがき

## 第1章　伊豆大島復興への想い _____ 1
　1. 洋画家・中村彝（つね）の足跡を訪ねて　　　　　　　　根本二郎　3
　2. ロマンあふれる島　　　　　　　　　　　　　　　　　　平林輝夫　7
　3. もてな島　　　　　　　　　　　　　　　　　　　　　野口安次郎　11
　4. 未来を見つめ人材育成に配慮した復興を　　　　　　　　清水豐典　13
　5. 乙女椿と木村勝己　　　　　　　　　　　　　　　　炭焼三太郎　15

## 第2章　伊豆大島の風土〜ロマン漂う伊豆大島 _____ 鈴木克也　19
　1. ジオラマ・伊豆大島　　　　　　　　　　　　　　　　　　　　21
　2. 変転する歴史　　　　　　　　　　　　　　　　　　　　　　　24
　3. 島民の生活文化　　　　　　　　　　　　　　　　　　　　　　30
　〈インタビュー〉アンコ風俗と椿　　　　　　　　　　　　清水勝子　43

## 第3章　椿のふるさと・伊豆大島 _____ 49
　1. 椿の魅力　　　　　　　　　　　　　　　　　　　　　　編集部　51
　2. 椿花ガーデン発足の経緯と島への思い　　　　　　　　　山下隆　55
　3.「椿」の学びで「生きる力」を育む　　　　　　　　　　　金子雄　61
　〈トピックス〉花紋（かもん）BANK のすすめ　　　　　　炭焼三太郎　67

## 第4章　伊豆大島に椿王国を創ろう　　71

### 第4-1章　伊豆大島里山エコトピア構想　　炭焼三太郎・川口武文　73

### 第4-2章　椿油・椿炭・木工品

〈インタビュー〉椿油づくり　伊豆大島のつばきにこだわる　　高田義土　81

1. 椿の家づくりプロジェクト　　炭焼三太郎　91
2. 椿油搾り滓の炭化と炭化物の利用　　吉澤秀治　95

〈インタビュー〉伊豆大島の純粋椿油を使った
　　　　　　　　基礎化粧品の開発を企画したい！　　吉﨑正治　109

### 第4-3章　伊豆大島にホタルを飛ばそう

1. 蛍の再生と地域づくり　　ホタル太郎　117

【絵日記】"椿王国大島の波浮の港に蛍を飛ばす！"　　炭焼三太郎　119

2. 椿と蛍と私と　　三楽与太郎　123

〈トピックス〉私も『ほたる』という名前です　　高田蛍　127

### 第4-4章　椿王国の新しいプロジェクト

1. 椿を活用した新しいプロジェクト　　中西義和　129
2. 椿ハチミツに思いをこめて　　秋丸剛志　137

〈トピックス〉点から線へ　　川嶋舟　141

3. 海とツバキと牛の島　　舩木翔平　145
4. 地域資源活用ブランド開発　　中西義和　151
5. 伊豆大島の再生可能エネルギー試考　　奥澤篤　167
6. 山菜王国　恩方ファーム構想　　萩田實　175

## 第5章　伊豆大島内外の支援体制　　181

1. 伊豆大島の地域振興について　　尾崎大介　183
2. 伊豆大島と姉妹都市あきる野市　　清水晃　189

第6章　椿の話あれこれ_____編集部　197

あとがき_____炭焼三太郎　210
参考資料
協賛企業

エコハ出版の本

# 第1章　伊豆大島復興への想い

（土砂災害のあった椿園跡）

　伊豆大島は今も活動を続ける活火山島であり、これまでも色々な災害に見舞われてきた。火山の噴火、津波、土砂災害などである。

　最近の2014年、台風16号による土砂災害では多くの人命を失い、建物、道路などのインフラも破壊された。

　島民、自治体、島外の支援もあり、生活基盤は復興を遂げたが、産業基盤の復興はまだまだであるし、今後の島のあり方についてはこれからの検討課題である。本書の企画にあたり、まず島内外の関係者から復興やこれからのあり方についての想いを聞くことから始めることにした。

# 1. 洋画家・中村彝(つね)の足跡を訪ねて

根本二郎

一般社団法人　ビレッジデザイン　代表理事

元新宿区議会議員

　中村彝という洋画家をご存知ですか？元町の長根浜公園に立派な「首像」が建っています。

　2017年4月、私たちは、その像の建立に努力した「彝会」の方々や、新宿区でアトリエの保存活動に関わったメンバーで、伊豆大島町を訪ねました。

　中村彝は、1887年（明治20年）、茨城県水戸に生まれましたが、幼くして兄の住む新宿へ移り、大正ロマン文化の中核だった「新宿中村屋」の相馬愛蔵・黒光夫妻の愛情を受け、日本の洋画界をリードした画家でした。残念ながら37歳の若さで新宿区内の下落合で亡くなりました。健康を害した一時期に、療養のために大島を訪れ、名作「大島風景」を遺しました。

　私たちは、その碑を観ることを目的に、大島を訪ねましたが、伊豆大島の自然の豊かさ、歴史や文化の薫りのすばらしさに感動しました。そしてあわせて直面している困難さを知りました。

　2014年10月6日の豪雨による土石流で39人の死者、行方不明者を出した大きな災害の爪痕に呆然としました。全く頭になかったのです。

　東日本、熊本の災害復興支援に関わりながら、東京の足元の災害に無関心でした。その後何度か足を運び、復興とあわせ、高齢化の中で、直面している島の振興の課題などを知りました。

## 伊豆大島は保養と観光の地、多くの文人、墨客が滞在した。

　大正・昭和期には、温暖で、過ごしやすい気候、風土により大勢の人々が大島を訪ねました。著名な来島者は、西条八十(詩人) 坂本繁二郎(画家) 宮沢賢治(詩人、童話作家) 中村彝(画家) 幸田露伴(作家) 棟方志功(版画家) 林芙美子(作家) 中川一政(画家) 与謝野晶子(歌人) 新美南吉(童話作家) 坂口安吾(作家) パールバック(米作家) 小松左京(作家) 伊東深水(画家) 金田一春彦(国語学者) 水原秋桜子(俳人) 等、50名を超えます。

　年間80万人の観光客が訪れました。

## 何度も火山災害に見舞われたが、力強く復興してきた。

　何度か火山の爆発に見舞われ、そのたびに、力強く復興もしてきました。1986年11月には1万人が全島避難。奇跡の脱出と言われました。大島の人々の不屈さを現しています。

　2014年10月、豪雨と土砂災害に見舞われましたが、再び復興し、発展することを信じています。

## 今、時代は再び大島の時代！「SDGs」(環境にやさしい成長)の時代

　私たちだけでなく、訪れた多くの人々が大島にあこがれています。多くの人々が魅了されるのは「環境にやさしい島」だからです。

　高度経済成長期は、経済成長の名のもとに、自然や伝統文化を失ってきました。そして、今、私たちは「これで良かったのか」と振り返りつつあります。

　2015年、国連は「SDGs」(持続可能な発展の範囲における成長の管理)を決め、2030年に向け、地球規模で環境の管理を始めました。

しかし、1992年のブラジルでの最初の成長管理の決議は、「環境にやさしい発展の範囲における成長の管理」でした。

　それはまさに、土、水、みどり、空気等、人類の生存にとって必須のものを地球規模で守りぬくという決意でした。今は、「持続可能な」だけが強調されているような気がします。

　もう一度原点に返って、「環境にやさしい成長」を目指しましょう。

　大島には、人も、自然も、文化も、大事なものが、沢山残っています。まさに「宝島」「楽園」です。

　都市で失った健康を大島で取り戻す！

　中村彝をご縁に、大島町と新宿区がより親密になりますように！

弊会の大島訪問

## 2. ロマンあふれる島

平林輝夫

伊豆大島観光特派員東京本部長

　大島町では平成23年に伊豆大島観光特派員制度がスタートしました。目的は、島外の方に来島していただくことです。これをさらに発展させていこうということで、平成29年に「伊豆大島観光特派員ポイント倶楽部」としてリニューアルスタートしました。リニューアル前の制度内容は、公共施設入館料の割引・東海汽船往復乗船券の割引等、割引を利用しての伊豆大島への観光客の誘致・増客を目的としてきましたが、今回リニューアルスタートする「伊豆大島観光特派員ポイント倶楽部」は、割引等は行わず、伊豆大島観光特派員制度向けポイントシステムを導入したところが特徴ですね。ポイントをためることによって、乗船券や島の名産品などとの交換が可能になります。そのためには、1.大島に来島する。2.イベントに参加する。3.Web上の伊豆大島観光特派員ポイント倶楽部（ブログサイト）に大島の紹介記事を掲載（投稿）するという、「3つの行動」をすることでポイントが付与されます。

　このように来島者に対して積極的にかかわっていくことで来島者との有形無形のつながりができると思っています。

　単に物見遊山で一方通行の観光ではなくて、来島者と島の者が一緒に何かをやる、ということの一体感が大事なのではないでしょう

か。

　今後観光の振興を図るにあたって考えなくてはならないこととして、一つは、空港の問題があります。現在は、調布空港との往復便しか飛んでいませんが、この大島空港を国際便にできないか、といつも思っています。時代はグローバルな時代となり、大島も日本国内だけではなく、世界に向かっていかなければならない。世界の方々を引き付ける魅力が（椿しかり、火山しかり）、この島にはあります。定期便ならずともチャーター便で良いのです。税関も必要になるとは思いますが、まず、発想を世界に向けなくてはならない、ということを日ごろから感じています。

　もうひとつ、関係する事務所から有名な映画監督と伊豆大島を舞台にしたアニメを作成する話が持ち上がりました。事務所側も相当なスタッフを集めて企画を練ったのですが、町の都合もあり、途中で立ち消えとなってしまいました。アニメ企画は、島の歴史にも出てくる鎮西八郎為朝が現在によみがえるというストーリーなのですが、なかなか面白いと思いました。脚本も含め企画はほぼ完成しているので、何とかこのアニメを今一度よみがえさせることができれば、大きな効果が期待できるのではないかと思っています。

　その気持ちを一言で現わせば、「男のロマン」に尽きるのではないでしょうか。私の母から聞いた話があるのですが、大島では男どもは漁に出かけるのですが、漁から帰ってくるとき、島の浜では女たちが一堂に自分の旦那さんを出迎えるのですが、「誰の旦那さんが一番早く戻ってきたか！」ということを浜で待つ女性の間で競争するそうです。それを聞いた男どもは必死になるのですね。私はこの話を聞いた時に本当に感動、感激しました。そういう意味では、大島

は男と女のロマンあふれる島かもしれません。

　伊豆大島は、女性の働き抜きに島の歴史を語ることができません。あんこさんの働きはすごいものでした。一つは港町ということも関係しているのではないでしょうか。波浮港も女性抜きには港を考えることはできません。男はどうしても漁など外に出ていくのですが、そこに「ロマン」が生まれる土壌があるのではないでしょうか。

　ホタルの企画の内容については、最初に思ったことは、「こんな突拍子もないことを考えるとはいったいどんな人たちなんだ」という驚きでした。そして、やはりこの企画には「ロマンがある」と感じました。その実現性も非常に高いと思いました。私だけでなく、何人かにも聞いたのですが、「これは良い企画です」と言われました。

　「椿」は確かに伊豆大島を象徴するものです。逆に言えば「椿」抜きには伊豆大島は語れないということもできます。ところが、その「椿」を積極的に産業としてみていこう、という姿勢がどうも島全体に薄いように思えます。ある意味では、「椿があるのは当たり前」という思いもあるのでしょうが、「世界へ向けて伊豆大島を発信する」という意図から「椿」を考えれば、その大きな武器にもなるのが「椿」ではないかと思います。今回の本出版企画に大いに期待しています。

## 3. もてな島

野口安次郎

一般社団法人もてな島代表理事

　伊豆大島の観光客数は、昭和 43 年の最盛期には 83 万人をピークに年々減少傾向となり、平成 29 年には 22 万人台となりました。特に観光産業に関わる宿泊施設の減少は、町の発展にも大きな問題があると考えています。それは時代とともに安価な海外旅行ツアーに移行していることも一つの原因と思われますが、私たち島民の「おもてなし」が十分なされているのか？もっと島の魅力を伝え切れていないのではないかとの反省も含まれています。

　このような現状を打開する一つとして一般社団法人**「もてな島」**を立ち上げ、私たちが率先して観光客の方々を「おもてなし」すべく元町港の正面通りに島事務所を開設しました。

　そのもてなしの第一歩として「大島町観光特派員様無料休憩所」のスペースを設け幅広く大島町の魅力をお伝えできるよう努力しております。

　そこでは大島町の歴史と文化を伝える多くの資料を揃えており、書物、写真、工芸品なども観覧できるように展示しています。

　その内容としては、三原山の火山の歴史と魅力、波浮港の漁業と海の恵み、あんこ文化の伝統と風習、世界一の椿島の魅力など数々の資料をもとにお伝えしております。

また島民を挙げて新たな島の魅力と発見をご提案し観光客の誘致と増客に取組んでいく所存でございます。大島町へお越しの際にはお気軽にお立ち寄りください。お待ちしています。

炭焼三太郎と野口氏

## 4. 未来を見つめ人材育成に配慮した復興を

清水豊典

椿園代表取締役

　三原山噴火から33年、土砂災害から6年が経過しました。伊豆大島はこれまでも災害の旅に島民の団結と内外からの支援で復興してきました。

　今回の土砂災害の後、東京都や国の支援もあり、インフラは十分整備されようとしています。土砂災害のあった神達、丸塚地区にはメモリアル公園、保育園、図書館等が建設されようとしています。また、商工会が中心になって道の駅のような物産館も計画されています。

　ただ、建物だけをつくってもそれを維持活用しなければ意味がありません。そのためにはこの島の長期的な方向性を明確にし、それを推進する人材を育成する必要があると思います。

　大島の長期的な方向性を探るためにはこれまで積み上げられてきた自然、歴史・文化などの風土に根を下ろし、世界にも通じる大きな流れをとらえる必要があると考えます。

　また、人材の育成にあたっては、若者たちに大きな活動の場を与えることが必要だと思っています。また、最近進んできた若

土砂災害の慰霊碑

い世代の移住にも期待したいと思っています。
　それらを大切にしながら、とうみんが力を合わせて外部の専門家とも手を組んで取り組めば真の意味での復興となると思っています。

## 5. 乙女椿と木村勝己

**炭焼三太郎**

NPO法人日本エコクラブ理事長

　木村勝己は私の無二の親友だった。その彼は、乙女椿が好きだった、というか好きになろうとしていた。彼は、横浜で墓地を経営していた。その名も「環境霊園」。その墓地の中に、椿を植えることで、彼は霊園のイメージを変えようとした。乙女椿の花言葉は「理想の愛」だ。その乙女椿の花が一輪、霊園の中に咲いている姿を彼は頭の中で想像して、とても興奮した。なぜなら、その一輪の乙女椿は、歌姫坂井泉水だったからだ。

　坂井泉水はロックバンド「ZARD」のボーカリストだった。坂井泉水は1991年2月音楽グループの歌手として数多くのヒット曲を生み出し、その人気はまたたく間に世代を超え、高く支持された。彼女の「負けないで」という曲は多分誰でも一度は耳にしたことがあるだろう。その彼女が2007年不慮の事故で他界した。享年40歳という若さだった。その彼女は今、安らかに「環境霊園」で眠っている（図）。

　彼女の実家はこの環境霊園の近くにあった。私と彼がいつも通ったコナという名の喫茶店がある。その喫茶店に彼女は時折来店、コーヒーを飲みなが

ら、詩の創作を行っていたという。もしかしたら、同じ時間に私たちは一緒にその店にいたかもしれない。かような縁もあり、彼女のご家族から「環境霊園」に墓地を作りたいという依頼を彼は受けたのだ。その時に彼は彼女のお母様から「娘は乙女椿の花がとても好きでした」という話を聞き、坂井泉水という人柄と乙女椿の花が重なり合うのを感じたのだ。

　その彼も、坂井泉水が他界してから5年後還らぬ人となった。坂井泉水と木村勝己が一緒に眠る「環境霊園」には、彼が植えた乙女椿が今でもその可憐な花を咲かせている。私も、彼からその話を聞いた時にひどく感動し、私の活動の場でもあるDAIGOエコロジー村（八王子恩方）にも乙女椿を植えた。その乙女椿の花が咲くと、私はいつも彼のことを思い出すのだ。

　彼の墓（写真）は桜の木の下にある。彼は桜が好きだった。その彼の墓標には、『知らない幸せ、知る不幸』という句が刻まれている。彼がいつも口癖のように使っていた句だ。非常に意味深い句であり、私を含む彼の幾人かの親しい友人はその意味を知っている。この言葉を花に代弁させれば、"知らなかった乙女椿"と"知っていた桜"という言い方もできるかもしれない、などと私は考えてしまうが、ここではそれは書かないことにしよう。

彼の墓地を訪れた時にその句を読んだ人それぞれに、その句はまた、新たな思いを抱かせることだろう。

　ところで、彼との出会いのきっかけだけは少し話したいと思う。彼の営む「環

境霊園」は、自然エネルギー発電と環境浄化の発信基地をめざしているのだが、私がこの霊園計画にかかわったのは、彼から相談を受けたことが発端だ。当時彼は妙蓮寺というお寺の墓地事業コンサルタントをしていたのだが、実はその前に印刷業も営んでいた。その本業と言っても良い印刷業を営んでいるときに私は彼と初めてあったのだ。その時の彼の「おれはサラブレッドだ」という一言は今でも印象に残っている。堂々と言うその口ぶりと落ち着いた様相に、私も（「彼は）もとは貴族か、大富豪、明治の元勲の末裔か」などと想像した。しかし、彼から返ってきた言葉は「おれのじいさんも親父も腕のいい印刷職人だ。俺はその三代目」だから、印刷職人の「サラブレッドだ」ということだとわかったが、その彼の気迫と情熱に、私は、これほど自分の仕事に誇りを持っているところが気に入った。今から40年前の話である。今年、彼の7回忌を迎えるにあたり、環境霊園関連の書類がまだ手元に一杯残っているのだが、そこにチラシ（図参照）を発見した。このチラシは、彼亡きあと、霊園事業を継続して支えている彼の一番弟子の石原大吉君が作成してくれたものだ。椿のスタンプと霊園事業のコンセプトでもある環境への配慮が印してあることがわかるだろう。

　最近、私も伊豆大島にいろいろと出入りしているのだが、ご存じ都はるみの歌「あんこ椿」にもあるように、伊豆大島と椿は切っても切れない関係であり、実にそれは「椿王国」という名称にふさわしい島である。この島にある大島高校の椿園を訪れた時に、乙女椿がその可憐な花を咲かせていることを見たときに、とても不思議な縁を感じたのが、この文章を書く動機となったのだ。「伊豆大島」と「霊園」、そして「椿」。それまで私には何の関係もなく思われたも

のだが、「椿」には、そのような人には見えない何か不思議な力があるのかもしれない。もしかしたら、亡くなられた坂井泉水さんも伊豆大島へ来たことがあるかも知れないな、などと想像している今日だ。木村勝己さんと親しかった友人たちを誘って 7 回忌が終わったら伊豆大島旅行でも企画したいと思う。

# 第2章　伊豆大島の風土～ロマン漂う伊豆大島

鈴木克也

エコハ出版代表

元公立はこだて未来大学教授

　伊豆大島は、古くは「日本書紀」にもその記述があり、中世から近世においては、海上交通のかなめとして、また流刑の地としてもその名を知られており、多様なヒト、モノの交流があった。そのような歴史的背景に彩られた伊豆大島では、三原山という特異な火山を持つ自然条件が、独特な風土・文化を形作った。この章においては、伊豆大島の大自然を概観するとともに、この地域の長い歴史やそこで育った独自の文化について述べる。

# 1. ジオラマ・伊豆大島

　伊豆大島は、東京から 120 km、伊豆半島から 25 km の太平洋上に浮かぶ火山島である。富士箱根火山帯の箱根海底火山の一部であり 11 個の伊豆諸島の中で最大の島である。

## 伊豆諸島

　伊豆諸島・小笠原諸島は、東京の南に拡がる海域 171 万km²に点在する 11 の島からなっている。全体の島民数は、2 万 6000 人にのぼる。各島は、自然や歴史・文化に際立った個性を持っているが、これらを全体として「東京宝島ブランド」として打ち出そうとの企画が進んでいる。

　2019 年にはそのための東京宝島推進委員会が設けられ、その報告書も取りまとめられている。

## 三原山

　中央部には標高 758m、海底からは 1,000m の三原山が聳えている。

　島は今から 4〜5 万年前から 2 万年前に出来上がったとされるが、いまだに活火山で、20 世紀になってからも何回かの大噴火が繰り返されている（1912〜1924 年、1950〜1954 年、1986 年）。

　2010 年には、日本ジオパークに認定され、噴火予知や防災の対策が行われている。

　この厳しい自然環境は人々に災いをもたらしたが、人々は自然を恐れ、敬う心を持ち、古くから神社を建てて、安全を祈願してきた。

（注1）平安時代の『延喜式』には、波布比崇命神社、阿治古神社、波治加麻神社の名がある。

**三原山の版画**

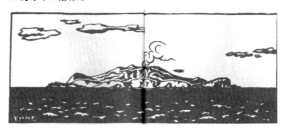

（出所）永田米太郎『大島』

## 伊豆大島のMAP

(出所)伊豆大島観光協会

## 2. 変転する歴史

### 縄文の足跡

　この島に人々が住み始めたのは、2万年前とされているが、その頃には既に椿(ヤブツバキ)が自生していたものと考えられている。

　7000年～8000年前には、縄文人が定住生活を始めたようで、縄文の遺跡も沢山残されている。(注2)

　また、小紋所もいくつかあるので古くから中央とのつながりがあったと考えられる。

---

**古代の遺跡**

**縄文時代**
- ☆　下高洞遺跡：島西部にあり、伊豆諸島で最古の竪穴式住居跡がある。縄文早期および中期から晩期。
- ☆　鉄砲場岩陰遺跡：島北東部にあり、伊豆諸島で唯一の岩陰遺跡がある。縄文前期
- ☆　龍ノ口遺跡：島南西部にある。縄文中期。

**弥生時代**
- ☆　カン沢遺跡：島北東部にある。
- ☆　ケーカイ遺跡：島北西部にある。
- ☆　下高洞遺跡

**古墳時代**
- ☆　大久保遺跡：島北部にある。
- ☆　和泉浜C遺跡：島西部にある。
- ☆　野増遺跡：島西部にある。

**奈良時代**
- 　オンダシ遺跡：島西部にある

(出所) ウィキペディア

## 流刑の地

　飛鳥・奈良時代には南の屋久島の人々が、伊豆大島に漂流したとの記録があり、古墳の遺跡もあるので、何らかの形で中央との交流もあったようである。

　そして、『続日本書紀』（724年）には安房国、常陸国、佐渡国などと共に、大島が流刑の地と定められている。

　流刑の地とは言っても、戦争や政争で敗れた貴人も多く、その人達が中央の文化を島民に伝えたものと考えられる。

## （為朝伝説）

　保元の乱で、平氏に敗れた源為朝（頼朝の伯父）もこの島に流されてきたが、貴人として島民に受け入れられ、その邸宅跡は、赤門として、神社と共に今も残されている。

　その後、伊豆諸島を巡り、その地を支配しようとしたということで工藤茂光に攻められたが、島民の助けで沖縄に逃れ、その子が琉球王国の始祖舜天になったとの伝説もある。

　為朝の伝説は、色々ある。まず、彼が強弓を引く強者で、一矢で船一艘を沈めてしまったとの話は広く知られている。保元の乱で敗れて、本島に流刑になった後も、島民から温かく迎えられ、代官の娘を嫁にとるなどした。

　流刑の身でありながら、あちこ

**為朝伝説**

ちの島を巡り、それを支配しようという動きをした為、中央ににらまれ、再度攻撃を受けたとの話もある。

　外征に出掛ける時、愛した女性に自分の着物の一部を記念として渡したのがアンコさんの手拭いのもとになったというのは、ロマンがあって面白い。

## （為朝ゆり）

　また、外征にあたって、百合の根を持って行ったので、諸島に同種の百合が拡がり、これを「為朝ゆり」と呼ぶようになったという話もある。これについては、史実とは違うのではないかとの説もある。

## （武田信道の墓と屋敷跡）

　また、戦国時代には、織田信長に敗れた後、武田信道がこの地に逃れて、ここに屋敷を構えたという跡地と墓が残されている。

　武田信玄の孫である、武田信道とその配下7人が、大久保長安事件（1613年）との関係で、この地に流されて来た。島民は、この人達を「7人様」と呼んで尊敬し、手厚くもてなした。

　その子は後に許されて本土に戻ることになるが、島外から来た貴人を大切にする文化があったことを伺わせる。

**武田信道の墓と屋敷跡**

## 江戸への中継港町

　江戸時代に入ってもしばらくは北条氏の旧臣の支配が続いたが、徳川が指名した藤井氏が島役人となった。このころ島内は新島、岡田の浦方と、野増、差木地、泉津の山方の5村で構成された。

　1703年の大津波で、港となった波浮と元町は、江戸との中継の港町となり、ここからは、魚類と塩、エネルギー源として、薪と炭が盛んに江戸に運ばれた。当時、日本の海上交通の中心であった北前船東廻り航路も開け、これらの港は江戸への中継地となった。米はとれなかったので、税は塩で支払われ、江戸からは、米のほか様々

な生活用品、それに文化が流入してきた。

**（波浮の港）**

　伊豆大島の表玄関ともなってきた波浮の港は、元は噴火口湖であったが元禄12年の地震によって、壁が崩れたのをきっかけに港として整備された。

　大きくはないが、深い入江となっているため、太平洋外海の荒波とは対照的な静かな港となっており、船の泊り場として適している。

　明治から昭和初期にかけては、大型冷蔵倉庫もなかったため、伊豆諸島沿岸漁をした小舟が、東京・横浜・伊豆下田に入る前に、この波浮の港に立ち寄ったため、舟人達の休息の地として賑わった。

　この人達をもてなすための旅館や料亭も栄え、大島の独特な文化もここで育った。

　今では、沿岸漁業がすたれ、遠洋漁業が中心となり、東京や横浜に直行するものが多くなったため、以前のような繁栄はなくなったが、華やかだった港町の面影は残されている。

**波浮港の版画**

（出所）永田 s 米太郎『大島』

**現在の波浮港**

## 文人達が注目

　明治に入ると秋広平六が建造した西洋帆船が、本土との往復をはじめ相陽汽船、1906年には、東海汽船が定期船の運航を開始した。

　こうなるとまず文人達が、この地を好んで訪れた。野口雨情作詞、中山普平作曲の『波浮の港』でも有名となったその影響も受け、観光客も増えていった。

　港は太平洋漁業の中間水揚場としても賑わった。

　国際開港都市横浜との関係もあり、馬・牛・山羊などの酪農、国際商品ともなっている椿油、燃料としての薪・炭などの産業も栄えた。

---

**文人と伊豆大島の歴史**

- 荻原井泉水「孤島編74句大島を憶う3句」を発表（大正8年）
- 川端康成「伊豆の踊子」を発表（出版　大正15年）
- 佐藤千夜子、藤原義江の「波浮の港」ヒット（昭和3年）
- 宮澤賢治「三原三部」を発表（昭和3年）
- 日本美術院同人・木村五郎氏が木彫アンコ人形の製作を指導（昭和5年）
- 田中絹代・大日方伝で映画「伊豆の踊り子」封切（昭和8年）
- 与謝野晶子「大島に遊ぶ」を発表（昭和8年）
- 中原中也「大島行葵丸にて」を発表（昭和10年）
- 中村草田男「火の島」を発表（昭和18年）
- 三島由紀夫「火山の休暇」を発表（昭和25年）
- パール・バック「火山の島・大島の椿」を発表（昭和36年）

## 3. 島民の生活文化

　伊豆大島は、東京や静岡の近くにありながら、それらとは違う独特の生活文化があった。

　そのことについては、柴山孝一氏の「伊豆大島の風俗」に詳しいが、それを参考にしながら興味深いいくつかの特徴を紹介しておこう。

## 1）水事情

　この島にとって、最も大きな問題は、水事情であった。この島は、火山島で溶岩質のため土や砂の堆積が少ない。そのため、降雨量は多いのに地下水が貯まらず、その結果、水田が出来ないだけでなく、日常の飲料水や風呂水にも事欠く状況が続いた。

　雨水を貯めて日常生活に利用するのであるが、それだけでは足りないので、数少ない湧水井戸のある所まで汲みに行かねばならず、これが後述するアンコさんの重要な仕事の一つであった。明治になって、コンクリートやトタン屋根が普及し出すとこれを集める仕組みが開発された。

　しかし、水不足の事情は最近まで変わらず、近代水道システムが本格的に効果をあらわすのは戦後になってからである。

＊井戸の水汲み

（河童伝説）

　島民にとって水がいかに貴重なものかを示す「河童伝説」もある。これを松井学園出身の児童が絵葉書風にしたので紹介しておく。

## 「大島　河童の水の伝説」

画：いわかわよしの

（松実学園卒業生）

① 薪を取りに行った大滝と小滝は、帰り道で池を通りかかる美しい人と出会う。喉が渇いていた大滝が、水を飲もうと池に手をつけた瞬間

② 池の中に引き込まれ姿を消す。驚いて父のもとへ走りよる小滝大滝が河童に引き込まれたのだと察し、満月の夜、池の淵で一心に祈祷する。
池の水を飲み涸らそうとする人間を懲らしめるのだ。

③ 弥宣（ねぎ：神社宮司）は、この池は河童の安住の池あることを子孫に語り伝え、水を飲むことを禁じ、絶対に涸らさないようにすることを約束した。

④ 以来、村人はこの池を「河童の水」と呼び、どんなに水に困っても使うことはしなかった。河童の池は今でも涸れることなく、昔のままの姿を見せている。

（注）この作品は河童伝説をもとに松実学園卒業のいわかわよしのさんが紙芝居風に仕上げたものである。

## 2）食生活

　米作が出来ないので、主食は甘しょやひえなどが中心で、白米を食べるのは正月や祭事の時くらいであった。その分、山菜は幅広く利用されていたようだ。

　タンポポ、イタドリ、ノビル、カンゾウ、ニラ、タラノ芽、ヨモギ等と並んで「あしたば」が食されてきた。

### （あしたば）

　この「明日葉（あしたば）」は今でも島の特産品としてよく利用されている。この植物は、成長力が高く、栄養価も高く、精力増進や不老長寿の成分を持っている。

　昔、中国の秦の始皇帝が不老長寿薬を求めて、「蓬莱の国」（日の出ずる国・今の日本）にそれがあることを識者から聞き、それを手に入れるように命じたが、遂に見つからなかった。これが「あしたば」である、と伝えられている。

　この「あしたば」は島の名物であり、天ぷら、おひたし、漬物など色々な利用のされ方をしているが、島外ではまだよく知られていない。

**あしたば**

# 「あしたば」を使ったメニュー開発

　あしたばは、ほうれん草・三ツ葉と同様、お浸し・ごま和えなど広く料理に用いられています。皆さんはどんな風に利用していますか。
　あしたばには、ビタミン$A$、$B_1$、$B_2$の他、鉄分も多く含まれており、栄養的にも色彩的にも優れています。
　簡単な料理をいくつかご紹介しましょう。

☆　ごま和え
あしたばは、茹でて、水気を切っておく。
すり鉢で、ごまをすって、砂糖・醤油・だしを加えて、食べる直前にあしたばを和える。

☆　酢味噌和え
わかめは水に戻して（3cm位に切る）、軽く湯通ししておく。
あしたばは茹でて、水気を切っておく。
白味噌・酢・砂糖・すりごまを混ぜて、わかめとあしたばを和える。

☆　天ぷら
小麦粉＋卵＋冷水で作ったころもを用意して、あしたばに片面だけ、ころもをつけて、カラッと揚げる。

☆　あしたばとこんにゃくの白和え
ごまと味噌で香り付けした白和えです。
**材料（4人分）**
あしたば200g　　もめん豆腐1丁　　こんにゃく1枚
ごま大さじ1と1/3　　味噌大さじ1　　みりん大さじ2　　塩・醤油少々

**作り方**
① あしたばはさっと茹でて、水気をしぼって2cm位の長さに切っておく。
② こんにゃくは、短冊切りにし、醤油・みりんで薄味に煮る→冷ましておく。
③ 木綿豆腐はふきんで水気をしぼっておく。
④ ごまは、すり鉢でよくすって、そこへ味噌・みりん・塩・醤油を入れ、よく混ぜる。
⑤ 水気を絞った豆腐を④に入れ、よく混ぜる。
⑥ ⑤に、あしたばとこんにゃくを入れて、出来上がり。

☆　あしたばと油揚げのいため煮
**材料（4人分）**
あしたば1束　　油揚げ2枚　　しらす干し20g
サラダ油大さじ1と1/3　　だし大さじ2
醤油大さじ1と1/6　　砂糖小さじ1

## 作り方
① あしたばはゆでて、水気を絞って4㎝位に切る。
② 油揚げは湯通しして、油抜きし、千切りにする。
③ しらす干しは、さっと洗ってざるに上げ、水気をよく切る。
④ 鍋にサラダ油を熱し、あしたば・油揚げ・しらす干しを順に加えて静かに炒める。全体に油が回ったら、だし・砂糖・醤油を加え、汁気がなくなるまで12～13分炒め煮にする。

## ★応用
あしたばの代りに、小松菜・ほうれん草・春菊・さやえんどう・白菜など広く応用できる煮物です。

出典：「おもて島」 野口 安二郎

# 明日葉とベーコンのパスタスープ

①. ガーリックオイルを作る。ニンニクは薄皮を剥いて薄切りにし、厚手の鍋かフライパンにニンニクが浸る程度のオリーブオイルと共に入れ、弱火で煮るようにじっくり火を通す。ニンニクの周辺に泡が出たら火を止め、オイルが冷めたらまた火をつけるというように、ニンニクが焦げないように気をつけながら、全体的に茶色になるまで火を通す。

②. 大きな鍋に水をたっぷり入れ、塩を大さじ1～2程度加えて湯を沸かし、パスタを茹でる。

③. 湯を沸かしている間に、明日葉を切る。包丁で根元の硬い部分だけを切り捨てて、残りの茎と葉はざく切りにする。

④. ベーコンは長さを3等分にする。

⑤. パスタを袋の表示時間より1分程度短めに茹でる。茹で終わるころに茹で汁をカップ1～2杯程度取っておく。

⑥. 茹でている間にベーコンを炒める。フライパンにオリーブオイルを敷き、熱したら、ベーコンから脂が染み出し艶が出るまで 1 分程中火で炒め、取り出しておく。

⑦. パスタが茹で上がったらざるに開け、同時に 6 のフライパンにガーリックオイルを多めに入れ明日葉の茎から炒める。時間差で葉を入れ油が全体に回るまで軽く炒める。

⑧. パスタを 7 のフライパンに入れ、5 で取っておいた湯とコンソメスープ、塩を加え、熱くなれば、ベーコンを入れてざっと混ぜ火を止める。スープの塩気は若干強めにしたほうが美味しい。 また、煮立たせるとベーコンがだしガラになってしまうので注意すること。

⑨. 皿に盛り付け、黒胡椒を挽いたら出来上がり。

(出典) 松原尚世

## (くさや)

明治から昭和初期、東京に近い 港として波浮の港は大いに栄えた。タイ、カツオ、マグロ、アジなどの暖流系の海産物は、島の沿岸でも豊漁だったという。その後、気候の変化と海流の変化によって昔のような状況ではなくなった今でも海の幸には恵まれており、海上フィッシングやダイビングなどの観光用海の利用は行われているが、長期的には貝類などの養殖漁業についても検討することが求められている。

その中でも際立った特産品として「アジのくさや」がある。これは魚を開腹して桶に入れ、塩漬けを繰り返し、塩水を発酵させるもので独特の臭いがあるが、珍味であり、当地の特産品である。この製造もアンコ達の重要な仕事であった。

くさや

＊永田米太郎
版画「くさや」

## 3) 住生活

　大島の家屋は、100坪程度の敷地に母屋、隠居、ウマヤ（家畜舎）、チョーズバ（便所）があるというのが一般的である。

　家の制度としては、長男が家督を継ぎ、長男が嫁をもらうと家は、長男夫婦に譲り、親は他の子供達を連れ隠居する。祖父母は、三居（サンキョ）と呼び、また別の建物に移る。

　この隠居制度は日本の古い慣習とも言えるが、後継者を明確にし、早くから責任を持って家を継いでもらうという大きな意味があったと言えよう。

**古民家（清水さんの実家）**

**住居形態**

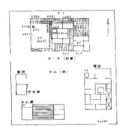

＊屋敷と家屋図（元町の一例
　　オーヤと隠居

**隠居宅**

**実家内部とお母さん**

## 4) アンコ文化

　伊豆大島では男は、船乗りや漁師になって海に出、女は日々の生活を守るという独特の生活文化を持ってきた。大型船の建造は、禁止されていたこともあって、江戸時代までは船乗りの仕事は命がけであり、北前船などに乗り込むと長期にわたり、帰ってこないということも多かった。

　その間、日常の生活を担っていたのは女性達で、薪木や炭の運搬、水汲み、牛や馬の世話まで全てを担っていた。これが「アンコ文化」という独特のスタイルを作りだしていた。

### アンコ姿

　アンコ姿としては、「筒袖の着物に、手拭いを頭に被り、帯はつけず、前垂れを締める」というのがシンボル的であるが、時代の変化の中で、その内容は微妙に変化している。

**アンコ姿**

　着物は、筒袖の一部形式の長着のおはしょり分を腰上げして、帯や紐を締めず、それだけで着付ける。

　普段着の素材は、古くは麻、次は木綿となった。

　昔の島の女性は、夜になると1反位の布を紡ぎ、着物に仕立てた。後には、黒の目倉縞、大正に入ると内地から久留米絣、昭和初期には、紺木綿の着物が愛用された。

## 手拭い

　アンコが頭上につける手拭いは、材木や水桶などを頭上運搬するためのものである。

　この手拭いは、長い黒髪を結い、保護する目的もあったので、日常的にも被り、実用、儀礼、装飾にも使われ、女性を美しく飾るシンボルでもあった。

**ソーメン絞りの手ぬぐい**

（出所）「伊豆大島アンコ風俗」

　この手拭いには、伝説があり、平安末期に島に流されてきた源為朝が愛した女性との別れの際、自分の着物の一部を娘に送ったとの話があるのは興味深い。

　手拭いのデザインは、時代と共に変わるが、元は「養老絞り」といって、縦の線模様のものであった。これは当時ご馳走として振る舞われたソーメンに似ているので「ソーメン絞り」とも呼ばれた。模様には島民に身近な流水、魚、花、蝶などが描かれた。

**ソーメン模様**

## 髪型

この手拭いと関連して、アンコさんの髪型も極めて面白い。

これも柴山孝一さんによると、大正時代中頃までは、少女期は「銀杏返し」、娘時代は「投げ島田」、婚期が近づくと「サイソク髪」を結い、人妻になると「インポンシリ」に変える風習があったという。

大正時代になると、観光目的もあって、椿の花を白地にあしらったものに変わっていった。

（出所）柴山紘一「伊豆大島の風俗」

## 全国キャラバン

昭和初期には、伊豆大島が東京への漁業基地となり、著名文人がこの島を訪れるようになったこともあり、観光ブームが巻き起こった。

椿油の製造も本格化し、それとの関連で「アンコ椿」がキャッチフレーズとしてしきりに取り上げられた。その象徴として大島アンコ椿の全国キャラバンが行われた。

**アンコ椿の全国キャラバン**

（出所）伊豆大島アンコ風俗

## 天皇陛下の行幸

戦後も災害からの復興にあたって、アンコ椿はその先端に立って、

地域を元気づけた。何回もの天皇陛下行幸に当たっても、そのもてなしの先頭に立ったのは、アンコ達であった。

　祭りやパレード、地域のイベントにおいてアンコの果たしている役割は今も大きい。

### アンコ風俗伝承の努力

　生活の合理化が進むなかで、アンコ風俗は日常的なものとしてあまりみられなくなってきた。

　しかし、この風俗には歴史的・文化的な島の生活が詰まっている。島のイメージを深めるためにもこれを伝承していくことに価値がある、との認識のもと、その保存のための活動がはじまっている。これを国内外の客をもてなす際に活用し、また祭りなど島民の結束を図る時に活用することは、大いに意味があると思われる。

〈インタビュー〉

## アンコ風俗と椿

清水勝子

アンコ文化保存会

**伊豆大島と言えばアンコ風俗と椿をイメージしますが、それはどのような関係にあるのですか。**

「アンコ椿」と呼ばれるようになったのは、昭和初期の頃からでした。しかし、椿は、縄文時代から、この島に自生していた「生活の木」で防風林や島のエネルギー源として日常的なものでした。一方、アンコ風俗は、この島の女性の日常の風俗を象徴していましたから、この２つが島の象徴となることは問題ないと思います。

**清水さんはアンコ風俗の保存のための色々な活動をなさっていますが、まずアンコ風俗の全体的特徴をお教えください。**

　アンコとは、年上の女性に対して、尊敬と親しみを込めて呼ぶ「姉っ子」が変化したものです。この島では、「おぼっ子」とか「おじょっ子」という呼び方があるのです。

　アンコ姿といえば、筒袖の着物に手拭いを頭に被り、帯は着けずに前垂れをつける姿が大島のシンボルになっていますが、元は頭上に薪や水桶をのせる普段の労働着だったのです。その後、時代の変化の中で、衣服も変化してきました。明治時代までは、この姿が普通でしたが、大正時代になると洋服が中心となり、段々着物が着られなくなりました。

　しかし、昭和3年には、観光ブームとなり、お茶屋や旅館でこのアンコ姿で、もてなすと喜ばれることになり、アンコ姿が復活し、昭和40年頃までそれが続きました。ところが、これも新たに起こった離島ブームで民宿がはやるようになり、下火となってしまいました。

明治35年8月5日発行　風俗画報
伊豆七島図絵　表紙

**ところで島の人々にとって椿はどのようなものですか。**

　椿は、人々にとっては「生活の木」とも言える非常になじみ深いものです。そもそも人々が島に住み着くようになった8000年前の縄文時代から島に自生していたようです。

　島は風が強いので、防風林として島のあちこちに植えられていま

した。花としても美しいので、花見もしますし、特に女性には人気がありました。学校の運動会には枝を持って行って、薄紙の花を作って、飾ったのをよく覚えております。幹は炭とし、燃料として暖房にも使いました。幹は、緻密で堅いので将棋盤や木工品、キーホルダーなどとして利用されています。家具や柱飾りとしても利用されていました。

実は椿油として、機械油、化粧品、食用にも使われていました。実を拾って干し、搾油所へ持って行くのも女性の重要な仕事でした。

また葉は、厚くて深みがあるので、榊としても使われ、灰は真白なので、神棚の線香立てにも利用され、神聖なものとされてきました。

このように島の人々、特に女性にとっては、椿はなくてはならない島の文化の原点とも言えるものです。あまりに親しみ深いので、最近は意識されるのが薄れてきているのかも知れませんが、これはもったいないことだと思います。

椿の花

**アンコ文化を復活させようとの活動をするようになったきっかけは何ですか。**

平成25年10月16日、「伊豆大島台風26号土砂災害」で、多くの命、道路や建物をも奪ってしまいました。私共清水家所有の椿園も流されてしまいました。

私共にとって物心共に大きな痛手でしたが、今はそこからの復興に取り組んでいるところです。その際、大島の生活の原点であるアンコ文化を見直そうということになり、「アンコ文化保存会」をつくり、勉強を始めたのです。本を出版したり、語り部として講演をしたり、パレードに参加したりと大変忙しくなってきています。

## 大島復興にあたって、今どのようなことが必要だと思われますか。

　生活の復興は、何とか整ってきましたが、何といっても産業を興していくことだと思います。大島の女性は働き者が多いと言われていますが、アンコさんは昔から産業と深く関わっていました。

　昔は、アンコ姿は日常の労働者であって、女性が水汲みや薪運び、酪農などの仕事をしていました。薪や炭は、江戸のエネルギー源として日常的に山から船着き場まで、女性が運んでいたのです。海岸では、塩が作られ、これが租税として江戸へ運ばれていました。

　椿は古くから、防風林として沢山ありましたが、戦時中はこの椿油を機械油や石油がわりに使っていたようです。化粧品としては、アンコさん達が、長い髪を洗う時に普通に使っていましたが、ブランドとして日本中に広く拡がったのは、昭和になってからのことです。

　これが観光と結びつき、頭に被る手拭いにも椿の絵が描かれたりしました。今では、炭も少なくなり、木工品もそれを作る職人も減ってしまいました。

　これらを産業としてどのように復興させるかは、島の大きな課題です。

産業の復興に関しては、東京都の宝島構想をはじめ、色々な企画が進んでいることは歓迎しますが、まず最も基礎となる椿を大切にし、きちんとした産業にしていくことが優先されるべきだと思います。

　例えば化粧品についても、ハンドクリームや入浴剤など、もっと多様な展開が可能だと思います。

　炭のプロジェクトも備長炭のような高級炭が求められ、その作り方や使用方法には、色々な工夫が可能だと思います。

　椿の花びらや枝を使ったアート木工品、染め物などもっと色々な展開を考えたいものです。そして世界の椿の拠点として、この伊豆大島が位置づけられれば関連産業はもっと拡がると思います。

　観光との関連で言えば、少しでも多くの人に島に来ていただきたいのですが、これからは世界にも通じる内容のあるプロジェクトを考えることが必要です。その際、島外の若者達とも連携したアートやイベントなども有効だと思います。

　実は災害前には、私共の椿園の中にあった椿亭を学生達と一緒にリノベーションし、そこでアートフェスティバルをしようと言うことで盛り上がり、イベントも行いました。残念ながらその椿亭も土砂で流されてしまいましたが、その記録は映像として残されています。このプロジェクトには、日大、東大、武蔵野大学など東京の多くの大学と関西の大学

からの参加者も加わり、大きな盛り上がりをみせました。島民との交流も含めて、非常に有意義だったと思います。

しかし、音楽や映像を含めたアートは、若者達や外国人にもインパクトが大きいですし、椿を中心とする産業振興にも直接・間接に繋がると思っています。

平成29年　椿まつりパレード
豆アンコさんたちも　愛らしいね
将来のミスアンコさんたち!!

# 第3章　椿のふるさと・伊豆大島

　「椿」は日本原産の花木であり、伊豆大島には縄文時代以前からヤブツバキが自生していた。江戸時代末期には海外に輸出され、欧州を中心に世界に普及し、今では「世界の花」となっている。
　しかし、椿のイメージは日本人の心情にもマッチしており、自然・歴史・文化からしても日本がそのふるさとともいえるポジションを持っていることは間違いない。
　本章では、椿の魅力をいろいろな角度からとらえる。

# 1. 椿の魅力

**編集部**

## 日本原産の花木

　椿の原種であるヤブツバキは縄文時代以前からこの島に自生していたと考えられる。椿は生命力が強いので、防風林として、またその実からとれる油は、エネルギー源や化粧品として島民の「生活の木」であり、身近なものであった。

　その花は、可憐で凛としていることから、日本人の人情に合う花として、神礼や茶の席、生花でもよく利用されてきた。

　明治時代（19世紀）には、日本の花として世界にも紹介され、特に欧州ではこれを愛する人も多く、盛んに品種改良が行われてきた。その結果、今では「世界の花」として多くのファンを持っている。

　現在、世界には10,000品種もあり、そのうち日本には3,000品種しかないと言われているが、その原産が日本であることには間違いがなく、今でも日本が世界でのポジションを持っている。

　日本の中でもこの伊豆大島がメッカとも言われており、島内には約1万本が生育している。

　島内には都立椿公園のほかに民間の椿花ガーデン、それに大島高校の三つが優秀椿園として認定されている。

## 椿の生態

　日本原産のヤブツバキは学名を Camellia Japonica と言い、ツバキ科ツバキ属の花木で本州から青森に自生し、秋から春にかけて開花する。

日本で自生するものとしては、北陸などのユキツバキもある。また属は違うが、同類とも言えるサザンカ（山茶花）は日本中に散在しており、セナサザンカは沖縄が中心である。

　日本以外では、中国南部やベトナム等の東南アジアで自生しており、どちらかというと南方系の花木である。伊豆諸島では、海洋性の温暖な気候ということもあって、椿のメッカとも言えるほどのポジションを持っている。

　椿の花木は、生命力が強く、自花受精ではないため、多様な品種が生まれやすいため、明治以降、特に欧州で急速に拡がり、多くの品種が、生みだされ世界中に拡がった。

　今世界には 10,000 種も品種があると言われているが、それでも70%はヤブツバキ系だと言われている。

## 椿の花

　ヤマツバキやユキツバキの開花は、2月から5月であるが、最近は早咲きのツバキも開発されている。

　日本での椿の花言葉は「控えめな優しさ」や「誇り」であり、その凛とした印象は、日本人の心情にマッチし、茶花や生花にも利用されてきた。

　西洋では、赤色は「あなたは私の心に灯つける炎」と呼ばれたり、「罪を犯す女」といったものもあり、日本とはイメージが異なっている。小説やオペラの影響も受けているようである。

　日本でも花がポタリと落ちることから不吉なものを連想され、お見舞いなどに使うのは避けられているが、全体としては、わび・さびの日本文化ともマッチして、日本人の心を象徴するものと考えら

れる。

## 椿の幹と枝

　木材として見ると、椿の木は大木となり、緻密で堅い木質を持っているので、高級な木工品に使われ、将棋の駒などにも使われる。

　枝も昔は、榊にも使われたことがある程、神聖なものとして扱われた。

　木炭としても火持ちのする白炭として、ツゲなどと並んで貴重品である。その灰も綺麗なので、線香立てなどにも使われる。

## 椿油

　椿油は椿の実を搾ったもので「東洋のオリーブオイル」とも呼べる品質の良いものがとれる。高級食用油、洗髪用化粧品としては、今も伊豆大島の特産品となっているが、江戸時代には、灯りとして利用されたし、明治以降は、機械油として盛んに利用された。

## 椿の葉

　椿の葉についても、艶のある深緑は、落ち着いた雰囲気を持っているので年中楽しめるし、染料としても利用される。

　また昔から毒消しとしても利用されてきた。

　以上のように椿は、花・木・実・葉にいたるまで様々な利用価値があり、島民にとっては、シンボルであると同時に、「生活の木」であり、非常に馴染み深い木である。

　伊豆大島の未来を考えるにあたって、この椿を産業としても、も

っと活用することが求められている。

## 2. 椿花ガーデン発足の経緯と島への思い

山下　隆

椿花ガーデン代表

　私どもの椿花ガーデンは、大島の西北標高150ｍの地点で岡田港又は元町港より４ｋｍ三原山に登った所にございます。総敷地面積５万３千坪を有し、園内には国際優秀つばき園に認定されました400品種以上、椿の植栽面積は15,000坪程で椿園は国際的にも高い評価をいただいております。特徴は30年以上の歳月を掛け一人でコツコツと造りあげた椿園で、周りの風景を重要視し椿・海・富士山が臨める「富士見の丘」とともに、秋から楽しめる椿園も整備されています。日本の椿園の多くは見本園の形態が主ですが、私の椿園は椿の花はもちろんの事、葉や幹や樹形が美しく景観を重要視した椿庭園を目指しています。また、伊豆諸島はガクアジサイの最大の自生地であることより20年以上の歳月を掛けたあじさい園も高い評価を得られるようになりつつあります。

　私は1950年（昭和25年）生まれで、父親は八丈島出身で戦後、大島の現在地に開拓者として入植しました。母親は静岡市より嫁ぎ、私は小さな粗末な笹子屋で誕生したそうです。父親は原野を開墾し乳牛を飼い酪農家として生計を立て、後に大島の伝統的な菓子である手焼きの牛乳煎餅を学び菓子屋に転業しました。

　私は高卒後、東京で菓子の製造を学び父親の山下製菓を継ぐ事になりました。当時自前の店舗は持っておらず、ホテルや旅館への卸

売りでの商いであり経営的に弱い立場でした。この頃よりこのままではいけないと思うようになり、直販店やお客様を集客できる大島ならではの魅力有る施設が重要と思い立ち試行錯誤の末30歳にして動物園より脱走し、野生化したタイワンリスを餌付けした観光施設「リス村」を立ち上げました。

　紆余屈折と申しましょうか、色々とありましたが、予想以上の反響に恵まれテレビやラジオ、新聞、旅雑誌に紹介され、多くのお客様が訪れるようになりました。当時、椿には関心も興味も全く有りませんでした。椿との関わりは椿に熱心な従兄弟が居りまして、残念ながら若くして亡くなりその際、彼より椿を頼むと託されたのが、運命的な椿との出逢いでした。原野を切り開き４ｋｍほど離れた従兄弟の椿をスコップで掘り、根回しをしてトラックに積み込み移植したわけですが、知識不足の為、最初は枯らしました。支柱が不完全でしたので、風で根が揺すれた為です。予算が無いので支柱は生の雑木を使用しましたが、日にちが経過しますとどうしても木の水分が飛び枯れて細くなり固定された結び目に緩みが出てしまうからでした。後に一定期間経過した支柱は結び直すようにしました。又、初期の頃は深植えを嫌う椿の性質を知らずに深く植えた椿が何年経っても復活しない失敗もしました。そのころは大島には、大規模な椿園がある都立大島公園があるので、無駄なことだと世間の笑い者でした。大島公園の椿園は、誰もが認める立派な椿園であり、

（椿花ガーデン）

しかも無料ですので太刀打ちできるわけがありません。しかし、従兄弟との約束も有り一人でコツコツと移植しては、また植えつける用地確保の開墾に汗を流し良く働きました。当時はいい椿が有ると褒められた事もありましたが、お客様の「なんだ、植えっぱなしだ！」の声を聴き、少しずつ剪定も始め、葉の色がわるい！の指摘に土壌の勉強もしました。私の椿園は、お客様にとって驚くほど上質でなければなりません。何故ならば、大島公園椿園と比べ同じレベルであるならば、有料の我が椿園には誰も来る筈がありません。正しく「私のライバル東京都」そのものでした。努力を重ね、少しずつお客様の椿園の評価も上がり名称を「リス村」より「椿花ガーデン・リス村」そして「椿花ガーデン」とインターネットの検索エンジンを意識して8年掛けて改名しました。

現在では、国際椿協会認定の国際優秀つばき園としても高い評価をいただけるようになり世界の理事に「世界で最も美しい椿園の一つと言っても間違いはない」と言われるようになりました。

2016年2月26日に中国の大理市でのICS国際椿協会の世界大会に於いて伊豆大島の都立大島公園椿園、都立大島高校椿園、私の椿花ガーデン椿園の3園が国際優秀つばき園に同時認定され世界に伊豆大島の名を知らしめる情報発信が可能となったことは、とても嬉しく有難いことと思います。2020年2月より3月にかけ長崎県五島市に於いてICS国際椿協会の世界大会が開催されます。そのポストツアーで世界

から約 80 名の椿の専門家を大島にお迎えすることが予定され世界の皆様の高い評価を得ることが、とても重要だと考えております。世界の皆様は椿を、憧れの高貴な花と捉えています。ヤブツバキは日本より世界へと旅立ち、ポルトガルのポルトーの貴族の館の庭に 400 年前のヤブツバキが現存しており、現地では日本から来たの意「ジャポネイラ」と呼ばれています。私たちは、これを機に世界の椿島としての大島を確立すべきであり、千載一遇のチャンスを逃すべきではありません。古来より椿油や椿炭、薪や灰そして民芸品などが人々の生活の糧となり家や畑を強風から守る防風林としても貴重な役割を果たしてきました椿を、今まで以上に大事に活用すべきと思います。近年、地方創生とか地域興しの文字が、やたらと踊っているように見えますが、私も昔、リゾート法に絡む仕事を三重県の自治体で経験しました。大島でも過去に振興策の補助事業がありましたが、鳴り物入りの事業のその後の姿は、残念としか言いようがない。私の記憶では自然休養村事業・リゾート法（総合保養地域整備法）・グリーンツーリズム等がもてはやされました。現在大島町はジオパークを推進していますが、何処か以前のものと似ているような気がしてなりません。リゾート法は神津島村が事業を起こしましたが、成功とは言えないようです。何故でしょうか？そこには、甘い事業計画と第3セクターなどに見られる一番の問題は、責任の所在が曖昧なことであります。また一定の年月を経過しますと事業そのものが終了し補助金が途切れ、行き詰ることです。私はこの様な形態とは一線を画し、大島に元々有る椿やあじさいを徹底的に磨き上げる事であると思っています。椿園やあじさい園が高い評価を得られるまでの時間は長く掛かりますが、お客様に飽きられるのも

同じように長い時間を要します。強い信念とたゆまぬ努力に向上心を忘れず、常にお客様の声を真摯に受け止めながら次世代への価値有る贈り物としての椿花ガーデンが、島の財産となり自立自走の経営まで発展させ、余生を余すところなく捧げることこそ、私に課せられた島興しの使命であると思っております。

【椿花ガーデン概要】
■所在地：東京都大島町元町字津倍付41-1　名称　椿花ガーデン
■連絡先：04992-2-2778
■営業時間：9：00~15：00（シーズンは16：30)
■入園料：大人（中学生以上）830円、団体大人31名以上 750円
子供（4才以上）400円　　団体子供31名以上　360円
■オフィシャルホームページ：http://tubakihanagarden.com/

## 3. 「椿」の学びで「生きる力」を育む
### ～伊豆大島の地域資源を教育活動に活かす～

金子　雄

東京都立大島高等学校　主幹教諭

### 1）はじめに

　高等学校でも新学習指導要領が平成34年度（令和4年度）入学制から年次進行で実施される。次期学習指導要領では「何のために学ぶか」という意義を共有しながら「生きる力」を育むことや、「主体的・対話的で深い学び」を取り入れた授業実践  が求められており、その中で、教科横断的な教育課程や問題解決型、創造的な思考過程を重視した学習の充実などが必要とされている。

　本校では、地域資源を活用した「椿」の学びを、2020年東京大会に向けたオリンピック・パラリンピック教育をはじめ、国際理解教育、伝統文化教育などの東京都教育委員会の施策を生産的な方向に活用しながら実践しており、これらを今後のカリキュラムマネジメントの構築にも反映させていく予定である。

### 2）大島高校について

　伊豆大島は東京竹芝港から約120キロ、高速ジェット船でおよそ1時間45分の位置にある東京都の離島で、人口約8千人の伊豆諸島最大の島であるが、

近年は高齢化・過疎化と産業の衰退により人口減少が著しい。本校は全校生徒数役130名、普通科・併合科（農林・家政）の1学年3クラスからなる小規模校である。この夏、わずか11名の野球部の躍進が東京大会で話題になったことも記憶に新しいことである。五訓（誠実、敬愛、勇気、自主、自尊）に基づき、郷土を敬愛し、自己の尊厳を覚り、真実を究明し、誠実をもって事を達成し、常に健康明瞭で勤労を貴ぶ人材の育成を目標としている。

とりわけこの数年は、国際理解教育推進校、伝統文化教育指針校、そしてオリンピック・パラリンピック教育推進校、アワード校（環境部門）に認定され、郷土を愛し誇りをもってその良さを世界に発信できる人材の育成をめざし、豊かな国際感覚やホスピタリティと奉仕の心をもって地域社会に貢献する取り組みを推進している。「椿」の学びは、椿に関する研究、特産品づくり、椿園の活用による島の活性化を目指した実践であり、本校の教育目標を達成する上での根幹位置づけられるまでになった。（※1）

### 3）「椿」の学びで育む様々な資質
① 「椿ガイド」　～教科横断的な学びとホスピタリティの涵養～

生徒による椿ガイドは、着任2年目から実施しており、様々な試行錯誤を経て、現在では生徒が自主的・主体的に取り組むようになり、町の観光名物にもなった。本校には

約40年前に造成された椿園があり、2016年に国際ツバキ協会（ICS）により、教育機関としては世界初の国際優秀つばき園に認定された。東京都が運営する「東京都大島公園椿園」、民間の「椿花ガーデン」と3園が同時申請し、島内の産官学連携として話題になり、認定後も色々な形で協力している。認定後は、観光客数も増加し、本校にもバスツアーや個人旅行の来園者がみえるようになった。

ツバキは日本原産の花木であり、国内に約3千品種、世界に約1万品種が存在している。19世紀に西洋に伝わったツバキは、「冬のバラ」として大流行し、小説・オペラで有名な「椿姫」が誕生し、現在でも世界中に愛好家・研究者がいる。認定後は、世界各国から来園者があり、海外からの来客がある際は、英語での椿ガイドも実施している。また、交配や繁殖方法などを説明する際は、理科の授業で学んだことを活かして遺伝やウィルス、突然変異の説明をすることもある。品種名は「蝦夷錦」「西王母」「王昭君」など、さまざまな意味をもった命名がされていて、その由来を説明することや、江戸、京都、金沢など全国の産地の話や、花形の話などひとつ

の品種から様々な話題にふれることができる。生徒は教員と共にガイドの内容を作成するのであるが、生徒それぞれの興味関心基づくものとなっていて、十人十様のガイドになっている。「これは理科で教わった」「授業で教わったことが役に立った」という生徒の感想は、これが教科横断的な学習になっていると強く感じることができる。鉄道好きな生徒が産地の話を路線の話を交えながら話したときに、お客さんの地元の話になり大変もりあがったこともあった。準備と実践を通じた他社との関わりの中で、生徒のコミュニケーション能力やホスピタリティを育むこともできている。

② 「伊豆大島つばき座」 〜地域社会に貢献する奉仕の心の涵養〜

　大島椿株式会社がおこなっている里山の保全活動「伊豆大島つばき座」に協力している。伊豆大島はヤブツバキが約300万本自生しており、それが「椿の島」といわれる所似であるが、近年は放置林が増加している。手が入らなくなった森林は防災面でも危惧されており、これを保全・再生し産業に活用しようというものである。2013年の土砂災害時にも健全な椿林は残ったという話もあり、しっかり根が張るように管理していくことが重要視されている（※2）。活動は月に1回ほどの頻度でおこなっており、造園業者など専門家を含む島外からの参加者と交流しながら、樹木の伐採や除草、選定、チップ化などの作業をおこなっている。椿園での実習で学んだ知識と技術を実践できる場になっているばかりではなく、普段関わることのない地域の事業者や、島外の専門家の方と協働し、交流できる貴重な機会になっている。作業後の美しい景観を前に目を輝かす生徒たちに、地域の里山を保全しているという自覚と誇り、自信を育み、

将来の職業観の醸成にもつなげることができていると考えている。

③特産品づくり　～郷土の魅力を学び、そして発信する実学～

　農業教育の最大の魅力は実学であること、すなわち実社会に直接役立てる学びの中で生徒を育てることができることにある。そのために重要なことは「なぜ」「どうして」という問いかけであり、その思考を通じて、「生きる力」を育むことができると考える。

　本校では、椿油、椿炭といった地域の伝統的な「椿」の特産品の製造から販売までの過程を実習に取り入れている。この数年で、校内にとどまらず、東京都や大島町役場などの公的機関、東京工業大学や島外の高校などの教育機関、そして専門の事業者と連携した実践へと広げることができた。「椿」に関わる産業や文化がどのような歴史的経緯をもって地域の中で成立してきたか知ると共に、栽培・燃焼実験や成分分析を通じて効能を考察し、その根拠をもって商品を実際に製造・販売するという「椿」の実学の体系が完成し、ツバキを教育活動に活かしている稀有な例として紹介されるまでになった。

## 4)　成果と生徒の変容、今後に向けて

　これらの活動は 2011 年のイオンエコワングランプリ審査員特別賞を皮切りに、日本森林学会高校生ポスター発表最優秀賞、アサヒ

若武者育成塾地域ブランド貢献賞、SYDボランティア奨励賞優秀賞、環境省グッドライフアワード審査員特別賞、今年は高校生ボランティアスピリットアワードコミュニティ賞、そして第10回高校生観光選手権「観光甲子園」での金賞受賞まで、毎年成果をあげるまでになった。

さまざまなメディア・出版物にも紹介され、世界的な園芸誌「The Garden」の記事にもなった。成果をあげるほど周囲の期待も高まるが、生徒たちはそれを自信と励みに変えて前向きに取り組んでいる。国際交流や地域振興を志した大学進学の実現、就職して地域で活躍する卒業生の姿は、在校生の目標になっている。本校の取り組みは地域振興に寄与するものとして、2018年9月に大島町より顕彰された。地域の中で、農林科に対する評価は確実に変化してきている。「本当の地域振興は、その地域にあるものを徹底的に磨き上げることこそが大切である。」その言葉を旨に、今後も生徒一人ひとりの興味関心を引き出しながら、「生きる力」を育む「椿」の学びを、地域と一体になって進化させていく。

※1　平成30年度　東京都立大島高等学校（全日制課程）学校経営シートより
※2　「防災・復興教育からはじまる持続可能な地域づくり　教育における農業高校の可能性〜2013年豪雨災害後の都立大島高等学校農林課の「つばき」学習実践を踏まえて〜」降旗信一・金子雄『社会教育における防災教育の展開』第8章、大学教育出版、2018年

〈トピックス〉
## 花紋(かもん)BANK のすすめ

炭焼三太郎

花紋の登録進め隊

　皇族や高家の身分の高い人たちだけでなく、私の様な平民でも代々伝わった家紋を持っており、それは墓石などによく印されています。わたしが「花紋 BANK or 登録センター（仮称）」を思いついたのは、皇族や高家の人たちはこの一族を印す家紋のほかに、一人ひとりの「お印（おしるし）」なるものを持っているが、私たちにはそれがないことを知ったことにあります。特にこの「お印（おしるし）」は「花」であらわされるのが特徴です。ところで、かつて、日本の政治史の中では、金持ち高額納税者しか選挙権がなく、貧乏人は選挙権を持てない時代がありました。しかし、「憲政の神様」と称される尾崎行雄（咢堂）先生の努力により普通選挙法が成立、貧乏人でも選挙権を持てるようになりました。そんなことが頭をよぎり、「そうだ！我々一般の者でも、皇族や高家の"お印"にかわる"花紋"を持ってもいいのではないか！」という思いが起こりました。同じ姓（私の本名）の尾崎行雄先生にならう訳ではありませんが、また普通選挙法ほどの大それたことではありませんが、一般庶民の我々も自分だけの好きな"花"を持ち、それを登録して楽しむ「花いっぱい登録運動」を展開することを提案したいと思います。

＜参考＞皇族のお印
　令和天皇・・・梓
　令和皇后雅子・・・ハマナス
　令和天皇皇子女愛子・・・ゴヨウツツジ

【花紋登録証例】

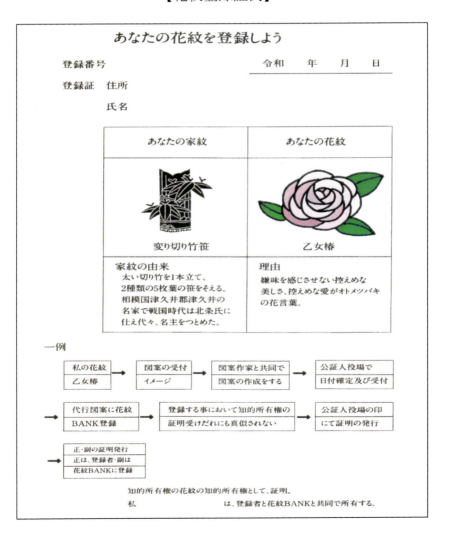

【花紋事例】

# 第4章　伊豆大島に椿王国を創ろう

（椿とアンコさん）

　「椿」は伊豆大島を象徴する代表的な「モノ」である。しかし、それを地域資源として最大限に活用しているかと問われれば、そこには疑問符が付く。島民にとっては、椿は「あって当たり前」の「モノ」だからこそ、島民の日常生活の中に入り込みすぎて、その価値に或いは気づかないのかもしれない。「椿油」が全国生産量において伊豆大島・利島が日本一を占めていることは、少なくとも「椿」の価値を活用している証左であるが、目をもっと広く深く向ければ、そこには「椿」の無限の可能性が広がっていることに気づく。この章では、その「椿」の持つ地域資源としてのポテンシャルについて述べる。

# 第4-1章 伊豆大島里山エコトピア構想
## ～椿を契機とした新たな地域おこし～

炭焼三太郎・川口武文

NPO法人日本エコクラブ

## ■ 構想のねらい

26,000人余りの島民が暮らす東京の11の島々は、豊かな海洋資源や自然環境に恵まれ、独自の歴史や文化を育んでいる。しかし、東京の島々は、素晴らしい景観や特産品、文化など宝物に溢れているが、必ずしも十分に活用されておらず、更なる魅力拡大の可能性は大きい。

その中でも、伊豆大島（大島町）は東京島しょ部の中でも人口（8,000名）、面積（90km²）とも一位であり、また本土との距離も近く、東京島しょ部の交通の要衝という利点を持つ。

伊豆大島（大島町）の経済は観光産業とともに花卉（ガーベラ、ブバルディア等）や、明日葉等の農業、貝類・藻類等の漁業及び焼酎、くさや、椿油等の加工業も盛んである。また、自然環境としては富士箱根伊豆国立公園の指定を受けた豊かな環境に恵まれており、伊豆大島ジオパークとして三原山をそのシンボルとする「生きた地球」を感じることができる。

一方、都会への様々な機能の過度の集中は、例えば『里山資本主義』という標語にもみられるように人々に「新しい生き方」を模索させる時代と

なりつつあり、日本のふるさと原形、人間と自然が織りなす暮らしの原景など里山志向が新たな産業の可能性を示している。

　このような背景を踏まえれば、伊豆大島（大島町）は、その地域資源と地理的利点を生かした観光と調和した産業の可能性は非常に大きく、それは新たな定住者を含む交流人口の増大への期待も持てる。

　本構想は、このような条件を前提として、伊豆大島（大島町）を『里山エコトピア』と位置づけ、伊豆大島の持つ大きな地域資源の一つである「椿（ツバキ）」を主要コンセプトとした地域おこしの具体的な提案を行うものである。なお、本構想が、過年の三原山噴火による地域への影響がまだ残る現状に対しても、これをポジティブ且つアクティブな方向へ加速させ得る魅力と可能性を持つことを信じてやまない。

## ■　伊豆大島「椿」のポテンシャル

①現在の椿油生産量は、東京都（伊豆大島）24.9kl、長崎県（五島）22.4kl、鹿児島県（桜島）2.1klで全国ではおよそ50kl。（全国生産量の50％）【産業】

②大島には約300万本のヤブツバキが自生【資源】

③大島公園・大島高校・椿花ガーデンが国際優秀つばき園に認定（※国際優秀つばき園とは、世界的に権威のある国際ツバキ協会（ICS）が認定する優秀な椿園）【世界的評価】

④高校では椿が教育カリキュラムに組み込まれている。【教育】

⑤ツバキは、椿油や、工芸品、プリザーブドフラワー、陶器、染物、炭、花、食など、様々な産業に利用【加工品】

⑥東京都立大島公園内に建つ「椿資料館」には、江戸時代の絵巻「百椿図」のレプリカや、大島の古い地層から出土した椿の葉の化石を始め、島のくらしや文化、そして科学的側面から見た椿にまつわる品や資料が展示【公共施設】

# ■「椿」のブランドイメージ化

＜ブランドの重要性＞
伊豆大島における「椿」は全国においてはその名は知られている存在だが、そのことに甘んじるのではなく、その価値をもっと高める（付加価値）努力が必要である。「椿」のブランドイメージ化とは、形のない価値、或いは商品やサービスに対して持つ共通のイメージを構築することにより、より拡大したビジネスチャンスが生まれる。

＜椿のもつイメージ例＞
①椿姫・・・ヨーロッパにおいては「薔薇」と並ぶゴージャスさ
②花言葉・・・日本：「控えめ」「誇り」「女性らしさ」「美徳」・・など　（西洋：「敬愛」「感嘆」「完全」「完璧」など）
③企業・・・ココ・シャネル、資生堂等
④日本原産・・・椿は日本原産の植物

## ■ 基本戦略①（椿ブランドのモノ化とヒト化）

★椿をイメージコンセプトとした「モノ・コト化」と「ヒト化」

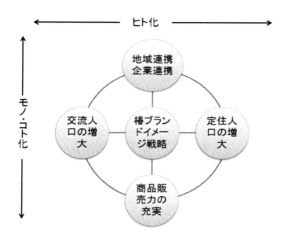

## ■ 基本戦略②（里山と椿の融合ブランド化）

★地域ブランドとしての「里山」を大きく意識することにより、ツバキのイメージをより大きく膨らませ、伊豆大島を里山としての魅力としてアピールする。

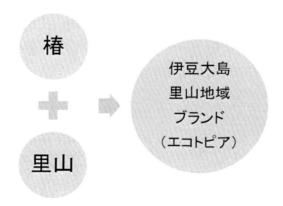

■ 戦略その①＜商品販売力の充実＞
＜基本的考え方＞
　伊豆大島においては、現在、「椿」の商品化としては、「椿油」「エステ」「体験」のほか、「工芸品」「炭（椿炭）」「染色」「陶芸」「食用油」など多彩に展開されているが、その生産量、販路ともかなり小規模であるが、「椿ブランドイメージ」によって、企業同士の連携も可能となり、情報発信力にもつながることが予想される。商品は大量生産ではなく、地域内消費も含めた多品種小ロット生産を基本とする。

＜具体的戦略＞
　①共通ブランド商品の開発（同一ブランド化）
　②新規商品の開発（産官学連携）　例：「五島の椿」
　③インターネットの活用（ネット販売サイトの構築）
　④『椿王国』ネーミングの活用（商標化）
　⑤地域団体商標の取得

■ 戦略その②＜地域連携・企業連携＞
＜具体的戦略＞
　①椿油地域サミット(仮称)の開催　（『椿王国のネットワーク化』）
　②海外の椿産地との連携（国際交流・インバウンド）
　③日本ツバキ協会との連携
　④資生堂ブランド『TSUBAKI』との連携模索

## ■ 戦略その③＜交流人口の増大＞

### ＜基本的考え方＞

　伊豆大島ジオパークをはじめとする観光資源と「椿」を連携調和させる企画の創出を図る。単なる物見遊山的観光ではなく、「椿」に関連した体験型イベントや全国の椿（油）産地との連携。また外国人を対象としたインバウンドビジネスの展開を図る。交流人口については観光客をそのメインとするものの、定住化への契機となる短・長期滞在型を積極的に進める。

### ＜具体的戦略＞

　①ジオツアーへの椿コンテンツの導入
　②マイオイル製作ツアー（ワークショップ）の実施
　③外国人対象の滞在型企画プラン（インバウンド）
　④椿をコンセプトとしたアートイベントの開催
　⑤その他

## ■ 戦略その④＜定住人口の増大＞

### ＜基本的考え方＞

　伊豆大島里山エコトピアでは、新たな地域産業創出による雇用機会の拡大を目標とする。農業への若者の興味の拡大や都会を離れての豊かな自然環境での生活を求める人々に魅力ある地域づくりを目指す。里山としての魅力を「定住化」へ結びつけることを目指す。椿はその先導的役割を果たすアイテムとなる。

<具体的戦略>
①農業生産拠点としての農産物ブランド化
②島内空住宅の提供（シマラボとの連携）
③椿関連ビジネスの公募
④長期滞在型別荘地の開発
⑤その他

## ■ 地域（里山＆椿）ブランド戦略会議の設置

★地域内外の様々な団体、専門家が、それぞれの役割を持って地域（椿）ブランド創生に集結する。

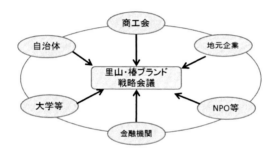

## ■ 伊豆大島エコトピア構想全体像

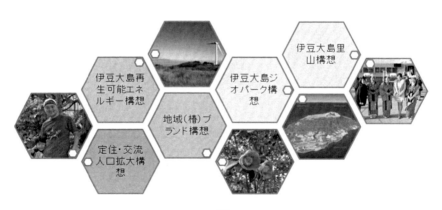

## ■ 今後の課題

　伊豆大島はこれまでその知名度を十分に活用できていない（知名度に甘えていた）ことが、停滞化の一つの要因である。

　「地域ブランド」については、いくつかの先導的企業が積極的に進めているが、それはあくまでも商品販売をメインとした「企業ブランド」であり、「地域住民」或いは「自然環境」をメインとする「地域ブランド」は現在まだ存在していない。

　島の経済をけん引する「観光」は確かに重要なアイテムだが、これからの日本経済は地域経済の底上げが重要な視点となり、それは「地域内消費」或いは「地域自給経済」の方向へとシフトしていく。定住、非定住に関わらず、島に滞在する人の数を増加させることが求められる。

　「東京宝島構想」はまだ緒についたばかりだが、島しょ部が受け身の姿勢となると都の姿勢も消極的となる。同構想を媒介として、都と緊密な連携を図る必要がある。

　「里山」という概念においては、例えばエネルギー供給、食糧供給なども「自給」的に対処する必要がある。それは島全体の災害に対するリスクマネジメントにもなるものである。そのような視点から「椿」或いは「三原山」を再検討する必要がある。（※木質バイオマス、地熱・温泉熱等）

# 第4-2章 椿油・椿炭・木工品

（インタビュー）
## 椿油づくり　　伊豆大島のつばきにこだわる

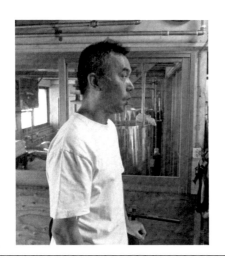

高田　義土　さん
高田製油所社長
聞き手：編集部

　日本では平安時代から女性の髪を守る油として使用されてきた「椿油」。椿油の成分は「オレイン酸」という脂肪酸で構成されていますが、この「オレイン酸」は私たちの健康な皮膚から分泌される脂肪分ときわめて似た性質を持っています。この椿油を古来の搾油法で作っている高田製油所は、伊豆大島の玄関口「元町」の少し高台に工場があります。工場の中は、年期を感じさせる搾油機が5台、古いにも関わらずきれいに磨かれ整然とおいてあります。訪れた時、機械は作動していませんでしたが、手入れされた機械を見ても、経営者の高田さんの椿油に対する愛情と情熱を十分に感じることがで

きます。経営者らしくない風貌の高田さんに、椿油へのこだわりとこれからの伊豆大島の在り方について、熱く語ってもらいました。

## 高田さんで4代目ということですが椿油に携わったのはいつからですか

高校卒業後すぐに大島を離れ東京で働き始めましたが、目的を見つけることができなかった東京を離れ、島に戻ってきました。ときどき、実家の製油所を手伝ううちに、「高田製油所の椿油はすごい」という評判も聞くようになり、だんだん椿油への関心が高まってきました。

## ご実家の高田製油所の歴史を教えてもらえますか

高田製油所は1929年の創業以来、伊豆大島のヤブツバキを使用し、約100年もの間稼動しているという圧搾機を使って純度100%の天然椿オイルを抽出しています。曾祖父、祖父、父、そして私が4代目ということになります。

## 椿油の原料となる椿の実はどのように確保されてますか

椿の実を絞って抽出されるのが「椿油」ですが、高田製油所では伊豆大島のヤブツバキの実を原料としています。収穫環境は、人の手により落ちた種子を一つ一つ手で拾い集めます。時には、かぎヅメを棒に付け落とすこともします。拾い集められた実は天日干しをした後に、工場に持ち込まれ買取りとなります。初代の時からこの方法は変わっていません。そのことが、島の人と当社との長く続く

信頼関係になっています。落ちている実を確実に効率よく拾うためには、継続的な下草刈りも行わないといけませんが、このように原料の確保の段階から時間と手間がかかるので、高田製油所の椿油は大量生産には向いていません。しかし、従来からの方法は、椿油の品質の良さを逆に維持してくれます。私のこだわりもそこにあります。

**椿の実から油になるまでの工程について教えてもらえますか**

　乾燥させた椿の実は1粒1粒丁寧に選別し、皮を含む殻ごと粉砕し、高圧の蒸気で5分間程蒸します。蒸し上がった実は、ナイロンの袋に入れて、「玉締め式」というのですが、圧搾機へ入れます。圧搾機の上部にあるのが御影石です。この御影石に10tの圧力をかけて下からせり上がった袋ごと油を搾りだします。搾られた油は一晩静かに置き、不純物の沈殿を待ち、その後活性炭フィルターなどを使って濾過して製品となります。機械は5台ありますが、5台全部動かすと動力の関係でうまく作動しないので、2台ずつ交互に動かします。実際にこの機械で絞るのは、月に8～10日です。この機械からみても大量生産には向いていないのです。古い機械ですが、品質を保つにはこの機械がなくてはなりません。

**絞り粕も多く出るようですが何か活用されていますか**

　搾油した後の絞り粕ですが、使用方法についていろいろ検討しているのですが、畑へ撒く肥料というイメージ或いは炭にするという

ことも考えられますが、油分を含んでいることが問題なので、これらの使用法も難しいです。大学の先生が「発酵させる」ことを提案されたのですが、発酵施設を作るほどの量ではないので、これも難しいですね。私が、思いついたのが、「飼料」。絞りかすには、「サポニン」という成分があり整腸作用があります。最近、島で若い方が養豚業を始めようとしているので、豚に絞り粕を混ぜた飼料を用いることで、豚の腸の調子を整え良質の肉が出来ないかなと・・・出来るのであれば、「カメリアポーク」などという名目で販売してみてはと勝手に思い描いております。

### 伊豆大島の椿油の生産量はどれくらいですか

私はまだ生まれてはいませんが、昭和30年代ぐらいまでは、椿や雑木を薪や炭にするために島の多くの方が山に入っていたので、椿の実も同時に多く取れました。しかし、山に行く人がだんだん減ってくると、椿の実の原料の調達量も減っていき、現在では、年間20tほどの実からその30％の6tが椿油の生産量となります。一升瓶に換算するとおよそ4000本です。ちなみに、島の人が良く山へ行っていたときは、およそ現在の量の5倍、約100tの実が採れていたようですが、それでも油にすると30tにしかなりません。いずれにしても、現在の搾油量は伝統工芸品レベルということになります。

### そうなると結構経営的にも厳しいものがありますね

まさにそこです。椿油には食用油という使用方法もあるのですが、先ほどの最盛期（昭和40年代）でさえ、一升瓶で年間2万本にしかならず、私は食用油としての活用は難しいのではないかと思ってい

ます。そうなると化粧品としての活用しかないのではないか。しかし、他の製油所では、海外に原料を求めるところもあるようですが、私は伊豆大島産にこだわり続けたいのです。とはいえ、高齢化などの背景もあり、大島産の椿の実である原料の買い取り価格も上昇しています。同じように、椿油の販売価格も上がってくれると良いのですが、なかなかそうはうまくいきません。果たして10年後も同じようにやっていけるのか、という思いはいつもあります。

## 何か秘策はありますか

　私は、「炭」が使えるのではないか、と思っています。昭和20年から30年代には、「椿炭」は品質の高い炭として島内だけでなく島外でも使われていました。炭を復活させるということは、森をきれいにすることにつながります。実は、今の伊豆大島の森には、いわゆる古木の椿が非常に多くあります。手入れをしてこなかったのだから当然なのですが，古木の椿では花がなかなか咲きません。そもそも、「椿の島」として観光で売り出しているのに、島に来たら全然花がない、ということはどういうことだろうと、観光客もびっくりしますよ。しかし、森の手入れが進めば、当たり前ですが、花は咲きます。当然観光客も増えるでしょう。そうすれば、自然に私の椿油の原料の椿の実の収穫高も上がっていくと思います。つまり、森の手入れにより、「炭」「花」「実（油）」と3つの伊豆大島名産が確保できるということになります。しかも、椿油の基となる伊豆大島のヤブツバキですが、その数はおよそ300万本と言われていますが、現在活用されているのはせいぜい10%30万本だけなのです。森の手

入れが進めば、残りの未利用椿も大きな産業資源となるのではないでしょうか。先ほどの絞り粕の活用もそうなのですが、椿をトータルに見て、一つのビジネスにつなげていくということが大事なのではないでしょうか。

**そのことで具体的に取り組んでいるプロジェクトのようなものはありますか**

　あります。高田製油所が所有する15000坪の森林があるのですが、それを町に貸して「椿の森公園」（※）となっているところがあります。ここに、炭焼き窯を作り、焼いた炭はバーベキュー用として、公園内にテラスハウスを作り販売しようという目論見です。現在、椿の森公園に併設して島でガソリンスタンドを経営されている商工会の会長さんが、年内(2019年)に、炭焼き窯の試作版を完成させることになっています。「椿の森公園」は町の事業として展開されていますが、とりあえずはこの限られた敷地において、椿の木を利用した、「炭」「花」「実(油)」の事業を推進し、これに先ほどの絞りかす利用の豚をバーベキューに活用すれば、岩手の小岩井牧場のような展開も可能ではないか、などと話しています。

（※）椿の森公園

　三原山登山道路右側にある、手入れの行き届いた大木の椿の林。大島商工会の椿ルネッサンス委員会（椿の森再生事業）で管理し、観光客に椿の実拾い体験ツアーを企画などしている。

## 「炭」の活用ですが、需要の大きな使用法として床下の調湿炭など建材などへの利用もあるのではないかと思いますがいかがでしょうか

　建材の活用があるのは知っています。しかし、現状では建材活用に必要な大量の炭を生産する体制は困難なのではないかと思います。島外の方から、よくいろいろなお話を聞くのですが、島の現実を無視した構想のようなお話については正直否定的です。もちろん、その可能性そのものを否定する訳ではありません。大きな話からすぐ始めるのではなく、まずは現状の条件でできることからやっていく、ということが大事なのではないでしょうか。椿は黒炭だけでなく、白炭（備長炭）にも焼くことができますが、現在の島の窯はすべて黒炭窯です。先ほどの椿の森でのプロジェクトでバーベキューの話をしましたが、バーベキュー用の炭であれば黒炭でも大丈夫じゃないでしょうか。ただ、単なる炭ではなく、「伊豆大島の椿炭」を使用していることで、例えば、「サザエの椿炭焼き」といった感じで、他地域の「サザエのつぼ焼き」とはちょっと違うと、差別化が図れればと思っております。その先には炭焼技術の向上を目指し、白炭の展開も視野に入れても良いと思います。

## 町や都などの行政は椿を産業として活用するという視点はないのでしょうか

　はっきり言って町（行政）は椿を産業としては考えてないのでは

ないでしょうか。個人的なことになりますが、町から私の会社について「年間の椿油の生産量や企業活動上の問題点」など、一度も聞かれたことはありません。もちろん、「椿の島」というイメージを島外に告知はしていますが、それ以上の（町の）努力は見受けられません。町からすれば、椿を産業化するよりも、国や都からの地方交付税などで道路工事などの公共事業を進めた方が、財政的にも良いと考えているのでしょう。もう一つの問題点は、島民の大半が椿に関心がない、ということです。椿が存在するのは当たり前、という感覚もあるとは思いますが、島民自身が椿については「椿油」しかイメージが出てこない。他に「椿炭もあるじゃないか、花もあるじゃないか、椿炭で焼いたバーベキューは美味しいじゃないか」などということを島民がわかるようになれば、椿に対する島民の関心もまた高まるのではないか、ということで「椿の森」で進めているプロジェクトには私もそのような思いを込めて参加しています。

**なるほど。椿を椿油だけで見てはいけない、ということですね。**
　そうです。先ほども言いましたが、「椿をトータルで見る」という視点が必要です。

**ありがとうございました。最後に高田さんの椿油に対するこだわりについて一言お願いします**
　椿油は私の会社だけでなく他にもいろいろな会社がありますが、他社では原料の安定供給ということもあるのでしょうが、海外の原料を使用しているケースも多々見られます。しかし、私は、国産・伊豆大島の椿にこだわっています。自分でいうのもなんですが、真

面目なんです（笑）。高田製油の椿油には、「大島純粋三原椿油」という商品名を付けています。確かにビジネスとして考えると、原料を安定的に供給できた方が、お金もうけにはなるかもしれませんが、それでは意味がないと思います。とはいえ、売上が欲しいのは当然です。そのためにも、純粋に大島の椿から採れる椿油を生産するためには、森の整備が欠かせません。そういう意味で、「椿炭」を見直すことで、森の整備が進むことにより、椿の森が再生すれば、おのずから椿油の生産もあがると思います。

【高田製油所】
有限会社高田製油所
代表：高田義士（四代目）
所在地：〒100-0101　東京都大島町元町1-21-1
TEL：04992-2-1125
FAX：04992-2-1125
URL:http://www.tsubaki-abura.com/

# 1. 椿の家づくりプロジェクト

炭焼三太郎

NPO法人日本エコクラブ理事長

■ なぜ「椿炭の家」なのか/炭の種類と特徴

## 炭の種類と特長

- **白炭**／1000度以上で焼き、火持ちが良い。灰をかぶせて冷やすと白くなる。
- **黒炭**／400度～700度で焼かれ、クヌギやカシなどの炭材を使用します。黒い炭。
- **オガ炭**／オガクズを圧縮加熱整形してつくられた「オガライト」を炭化させたもの。
- **平炉炭**／400度～500度の低温炭化木炭。工業炭として平炉で製造する。
- **乾留炭**／400度～500度の低温炭化木炭。空気を遮断して加熱する。
- **椿炭**／椿を炭化させたもの。800度～1000度で焼き上げたものが効果的。効果は半永久的といわれる。生活補助機能目的として利用されることが多い。

**椿炭** は備長炭と同じようにより吸着力が高く、金属イオン、マグネシウム、カルシウムが豊富に含まれているのが特長です。
また、無数の小さな穴が出来るので、吸着性に優れた性質を持ち、空気の浄化、消臭、調湿など様々な作用があります。

## ■「椿炭の家」は、なぜ椿炭を敷くのか？

**敷き炭**：床下の調湿用に椿炭チップ等を敷き詰め、防虫効果、消臭効果など半永久的に利用することができます。また、マイナスイオンは副交感神経に働き、心身ともにリラックスさせる効果があります。シックハウス症候群（住原病）の緩和に効果的です。

### ●床下に炭を敷き詰めることにより、得られる効果

1. 床下、床上の各部屋の湿気を防ぎ、結露を防止する。
2. 湿度が下がり、シロアリ、ダニ、ゴキブリなどの害虫駆除ができる。薬剤と違って無害。
3. 土台や床板の腐食を防ぎ、家屋の耐久性を高める。
4. 有害細菌を駆除し、脱臭効果で悪臭を断ち、空気を浄化します。
5. 湿気を取るため夏は涼しく、保温効果も高いので冬は暖かい。光熱費も安くなります。
6. マイナスイオン効果で、精神をリラックスさせる効果があります。

### ●放置された椿林を、椿炭の清算で再生する。

## ■「椿炭の家」は、健康パワーで気分爽快

椿炭の家づくりプロジェクトは、床下に椿炭を敷き詰めたマイナスイオンいっぱいの健康的なエコハウスをご提案致します。〈椿炭の家＋大島椿の木〉が地産地消の一助となればと考えます。

企画 ● 内閣府認証／日本エコクラブ・椿炭の家づくりプロジェクト　★著作権法第2条より知的所有権協会登録によって無断で使用した場合は罰せられます。

■椿炭の家イメージ

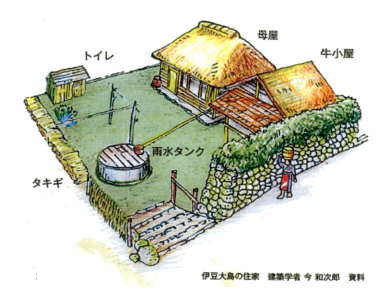

■不思議な椿炭のパワー

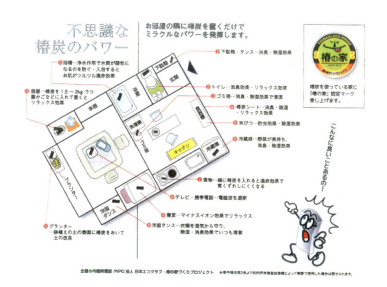

## 2. 椿油搾り滓の炭化と炭化物の利用

**吉澤秀治**

明星大学名誉教授

(エコマテリアル・ラボラトリ代表)

### はじめに

　従来、木質バイオマスの炭化物（炭素化物）は炭 charcoal と呼ばれ、主として燃料として利用されてきた。古来、わが国ではバイオマスの炭化物や灰を、田畑の土壌改良のために用いてきた歴史がある。江戸時代の 1697 年（元禄 10 年）に宮崎安貞が著した農業全書に、灰糞や火糞・焼糞（やきごえ）として、そのことが見える[1]。

炭化物（最近では、バイオ炭 biochar[2]）を畑・水田・果樹圃場に施用することにより、圃場土壌の改良材の効果が期待できるだけでなく、地球温暖化を抑制する炭素隔離・貯留の効果も期待できることが知られている。ここでは、伊豆大島での椿油の搾り滓や選定枝、間伐材の炭化処理、並びにそれぞれの炭化物の土壌改良効果と地球温暖化抑制効果について説明する。

### 1) 椿の実や木の炭化処理と炭の用途

　椿の実や木の炭化処理方法と炭化物の用途について、図 1 に示す。油搾り滓は連続式炭化炉により、数時間で粒状の炭化物に変えることができる。この炭化物は、田畑や果樹園や大島内の椿園の土壌改良材や、水処理用[3]の微生物担体として利用できる。また、生ごみ

や家畜フンの堆肥化[4)5)6)]にも、微生物担体として利用できる。

選定枝・間伐材は、バッチ式炭化炉により、24時間程度で固形の炭（黒炭）を製造することができる。この炭は燃料用として、例えば、大島内でのバーベキュー用の炭として利用できる。形の良い炭は、高価な茶道用の炭としても利用可能である。

花や実そのものの炭は、お花炭として椿園の装飾用やお土産として利用できる。

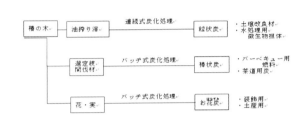

図1　椿の花・実や木の炭化処理と炭化物の利用

## 2) 化物の地下埋設による炭素貯留

地球温暖化を抑制するためには、大気中の二酸化炭素濃度を低減することが不可欠であり、そのためには大気中への二酸化炭素の排出削減だけでは不十分であり、合わせて大気中から二酸化炭素を除去する戦略が必要である。二酸化炭素の除去には、二酸化炭素その物の地中や海洋貯留などが検討されているが、未だ実施段階には至っていない。

近年、二酸化炭素を吸収して光合成により成長したバイオマスの炭化物を、地下に埋設する炭素隔離・貯留が注目を浴びている。土壌中や水中で安定度の高い炭素を含む炭化物を、農地や林地、公園緑地などに大量に施用または埋設することにより、炭素を長期間にわたり封じ込めることが可能になる。

図2に、大気中の二酸化炭素の光合成によるバイオマスの生成と、バイオマスの生分解・燃焼による二酸化炭素の発生の炭素循環の関係を示す。この炭

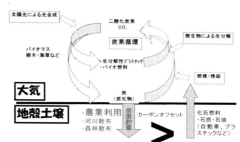

図2 炭化物の土壌施用による炭素隔離・貯留と大気中二酸化炭素の削減

素循環に、化石燃料の燃焼により生成した二酸化炭素が加わることにより、大気中の二酸化炭素濃度が上昇し、地球温暖化が進行すると考えられている。バイオマスの炭化物を土壌に埋設することによる炭素の隔離・貯蔵による大気中の二酸化炭素の削減によって地球温暖化が抑制される。
バイオマス炭化物中の炭素が土壌中で安定的に滞留する期間については、炭化物の原料や製造方法に依存するため諸説があるが、Hammesら[7]では293年間、Lehmannら[8]では9259年間との報告がある。また、Spokas[9]は300℃以上の温度で製造された炭素化物は、半減期が1000年以上の安定な炭化合物を含む、と報告している。最新のメタアナリシスの論文では、炭素化物は土壌中に百年規模で残存するとの解析結果が得られている[10]。

## 3) 炭素貯留農法による栽培野菜の付加価値化

　炭化物を活用した炭素隔離・貯留を農山村の農地において実施することを通じて、農業の再生を含む地域振興を目指した総合的な社会スキームが提案されている[11)12)]。この提案は「カーボンマイナスプロジェクトスキーム」と称し、その概念図を図3に示す。具体的には、農地において炭素隔離・貯留を実施しカーボンクレジットを

発生させると同時に、「バイオ炭を使った炭素貯留で地球を冷やす野菜」として、その農地で生産した農作物のエコブランド化（クルベジ：COOL VEGE ™）を行い、商品価値を上げて消費者に販売する。その結果として都市部の企業等によるカー

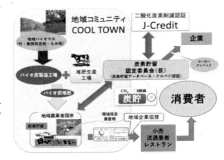

図3 カーボンマイナスプロジェクトのスキーム概要とクルベジ

ボンクレジットの購入を促進し、地域の消費者による付加価値の高い地域ブランド農産物の購買を促進する。このような手法による温室効果ガス削減を通じた都市部から農山村部への資金還流の方策は、低炭素社会および都市部と農山村部の共生による持続可能な社会を目指す上で、有効な手段となりうると考えられる。

現在クルベジの生産・販売は、二つの地域において試行的に展開されている。京都府亀岡市保津町では、「農事組合法人ほづ」が4.2.1で後述する炭化物を圃場へ施用し、また千葉県北総地域では、「㈲ゆうき」を中心として10軒の農家が4.2.2で後述する炭化物を圃場へ施用し、収穫された野菜類をクルベジとして販売している。

## 4）炭化物の製造と特性
### 4.1 安価な炭化物製造の必要性

炭化物を土壌改良用の農業資材として利用する場合には、安価なことが望まれる。そのために、廃棄物のリサイクル材のような炭化物の原料（炭材）を用いて、安価な製造方法により炭化する必要がある[12]。組み立て式や可搬式の炭化炉、ドラム缶を加工した炭化炉、地面に穴を掘り材料を設置して覆土する伏せ焼法など、簡易的な炭

化方法を紹介している冊子が、出版されている[13]）。

## 4.2 炭化物製造の事例紹介

本節においては、炭素貯留農業を行っている地域での、炭化物の原料（炭材）と炭化方法について説明する。

### 4.2.1 京都府亀岡市での事例

亀岡市保津町では主として竹林間伐材を、少煙簡易型炭化器（（株）モキ製作所）を用いて炭化している。この装置は、上部の直径が150 cm、下部の直径が 80 cm になるようにステンレス・スチールの板を溶接によりつなげてあり、底板は無い。図4に示すように、本装置に竹材を投入して着火し、十分火が回ったところで水を使って消化する。放置竹林の竹材を原料とした竹炭素化物製造を行った場合には、炭素化物の収率は約24%であった。

図4 京都府亀岡市での小型炭化器を用いた竹の炭化

### 4.2.2 千葉県北総地域での事例

北総地域では、主として竹材炭化物を利用している。千葉県白井市にある（NPO）しろい環境塾の製造法を図5に示す。深さ 50 cm 程度の穴を掘り、竹林間伐材を敷き詰め着火・燃焼した所で、水を掛けて消火する野焼きに近い方法である。この製造方法は、安価で大量に炭化物を得る方法として適している。

図5 千葉県白井での竹の伏せ焼き方式による炭化

### 4.2.3 ドラム缶窯を用いた炭化

ドラム缶を用いた炭化窯は、手軽に手作りができるため、全国的に普及している[14]。もみ殻やおが屑のような微細な炭材には不向きだが、剪定木・竹の炭化には適しており、1日で1ロット（窯）200Lの炭化処理ができる。図6には、東京都八王子市のDAIGOエコロジー村での竹の炭焼きの様子を示す。ドラム缶窯による炭化は、伝統的な土窯による方法と類似しているため、多少の知識と経験が必要であるが、炎を見ながらじっくりと炭化そのものを楽しむことができる方法である。

図6 ドラム缶窯による竹炭の製造

### 4.2.4 もみ殻連続炭化装置

工業的な連続炭化装置は、様々な方式の装置が開発されたが、もみ殻の連続炭化装置として、エスケイ工業(株)製の炭化装置を図7に示す。炭化装置本体はスクリューコンベアを用いた横型で、油搾り滓やチップなどの炭化にも適している。

図7 粉体用の横型連続炭化炉

## 5) 炭化物による田畑土壌の改良効果と野菜栽培
### 5.1 土壌の物理・化学性の改善

木材や竹材の炭素化物は、微小サイズの孔（ミクロ孔、メソ孔、マクロ孔）を多く有している。そのため、化学物質などを吸着する力も大きく、吸湿量が高い炭では保水力が強く、内部に蓄えること

の出来る空気の量（容気量）も大きくなる。このように、炭化物を砂質土壌に用いると乾燥の著しい時でも保水力を維持し、また、粘土質土壌に用いると通気性が改良されるなど、土壌物理性の改善が期待できる。また、炭化物は塩基補給や土壌の酸性矯正の土壌化学性への効果も認められている[15)16)]。

表1に示すように、伝統的炭窯で炭化した6種の木と竹の炭化物を土壌に混入し、ビタミンナ（島根県農業試験場で開発されたツケナ（*Brassica campestris*）の一種）の生育が調べられた[17)]。pHが6.6－6.7になるように、炭化物の添加量を調整した土壌において、葉の収穫量が増加した。ウバメガシの1000℃以上の高温炭化物（白炭）の添加では約1.25倍、竹材とヒノキ材の中温炭化物（黒炭）の添加では約1.2倍の収穫量が得られた。この収穫量の増加は、炭化物中に存在するKやMg、Ca等が土壌水分中に溶出した陽イオンが植物に吸収され、その結果植物の生育量が増加するのではないか、としている。

国内で流通している15種類の竹材炭化物を土壌改良に用いた試験では、竹材炭化物はカリウム含有率が高く、かつ交換性ないし水溶

### 表1 各種炭試料の吸着性能

| 試料 | ヨウ素吸着 mg/g | BET 比表面積 m²/g | 酢酸吸着による比表面積 m²/g | pH |
|---|---|---|---|---|
| 竹黒炭 | 165.9 | 89.3 | 126 | 8.2 |
| ヒノキ黒炭 | 186.2 | 177.2 | 268 | 7.8 |
| 広葉樹混合黒炭 | 229.1 | 125.5 | 215 | 8.2 |
| 竹白炭 | 147.9 | 3.49 | 96 | 8.8 |
| ウバメガシ白炭 | 154.8 | 13.94 | 196 | 8.6 |
| ナラ白炭 | 115.8 | 16.4 | 113 | 9.6 |
| 市販活性炭 | 616.6 | 1040 | 417 | 8.3 |

性カリウムが多いことから、カリウム肥料効果があることが示唆されている [18]。土壌への炭化物の施用による植物の生産性に関する、最近の2本のメタアナリシスの論文では、土壌の化学・物理性の改善による優位な作物収量の増加が示された。この要因として、炭化物による酸性土壌の中性化や土壌保水性の向上が挙げられた [19]。また、微生物バイオマス量や根粒菌の増加、土壌リン、カリウム、窒素、炭素の増加を挙げている [20]。

## 5.2 土壌の微生物性の改善

木質系の炭化物は、導管や仮導管、植物細胞の形がそのまま残るため、数 µm～数十 µm の大きな孔も多く有している。これらの孔は、同様の大きさの微生物の担体（棲みか）としても適している。炭化物により VA 菌根菌や根粒菌などの根圏微生物が増殖し活性化することが、大きな施用効果をもたらしていると考えられている [15)21)22)23]。土壌微生物に対する炭化物の効果についての最近の総説は、炭化物から放出される多種類の有機化合物が土壌微生物の濃度や活性化の増減に影響する可能性があることを示唆している [24]。炭化物と牛糞堆肥を施用した圃場においてホウレンソウを栽培し、その成長量と土壌微生物を調べた [2]。用いた炭化物の特性を**表2**に示す。試験区画は、炭化物（1 t/1000 m²）と牛糞堆肥（2 t/1000 m²）の混合施用区、牛糞堆肥（2 t/1000 m²）施用区、炭化物（1 t/1000 m²）施用区、施用無し区とした。

表2　ホウレンソウ生育圃場に用いた木炭の特性．

| | |
|---|---|
| 固定炭素 | 85.0 % |
| pH | 8.1 |
| 比表面積 | 205 m²/g |
| 嵩密度 | 0.2 g/ml |
| 粒径 | 3 mm 以下 |

図8に、(a)炭化物・堆肥混合施用区、(b)堆肥施用区、(c)無施用区で栽培したホウレンソウの外観写真を示す。炭化物・堆肥の混合施用区において、一株当たり30-40

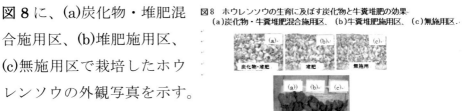

図8 ホウレンソウの生育に及ぼす炭化物と牛糞堆肥の効果
(a)炭化物・牛糞堆肥混合施用区、(b)牛糞堆肥施用区、(c)無施用区

gと40-50 gのホウレンソウが、全体のそれぞれ10％の割合で出現し生育の促進が認められた。炭化物施用区の生育量は、無施用区での生育と同等であった。土壌中の微生物量は、土壌から抽出した微生物に基づくアデノシン三リン酸（ATP）濃度を測定することにより見積もった[25)26)]。堆肥・炭化物混合施用区では、ATP濃度は10日目から急激に増加し、その後徐々に減少した。堆肥のみの施用区でもATP濃度は増加したが、堆肥・炭化物混合施用区の半分程度であった。炭化物施用区と無施用区ではATP濃度はほとんど増加しなかった。これらの結果は、土壌中の微生物の増殖は、土壌中の有機物の生分解に基づいており、さらに炭化物の同時施用が効果的であることを示している。VA菌根菌や根粒菌の共生植物であるダイズの試験では、それらの増殖・活性を高め、窒素やリン吸収を促進する観点から、より高温で作製した炭化物が効果的であった[27)]。

ナラ、ブナなどの広葉樹から伝統的な土窯で400－600℃、4日間焼成して製造した炭化物を、粒径2 cm以下になるように粉砕した。この炭化物を、リンゴの搾りかす50％、もみ殻15％、などの有機性廃棄物に2％添加して、炭化物入り堆肥を製造した。炭化物入り堆肥の施用により、ハツカダイコンの地下部と地上部の成長は市販堆肥区と比較して2倍以上あった[28)]。ナガネギの根の成長は慣行栽培区と比

較して 2 倍以上あり、緑葉部のビタミン C は約 10 ％増加し、硝酸イオンは約 10 ％減少した[29]。炭化物入り堆肥では市販堆肥と比較して、高い微生物含量を有するだけでなく、糸状菌相に特異的な微生物群を構成していることが明らかになった。これまで、糸状菌類が土壌環境を改善し、植物の成長を向上させる潜在能力を持つことが報告されている[30)-32)]。

## 5.3 土壌の団粒構造の形成

　土壌の保水性や通気性の改良は、炭化物の施用によってもたらされるが、団粒構造を有する土壌においてもそれらの改良効果が大きい。これは団粒内部に微細な団粒内間隙（毛管孔隙）ができ、団粒外部には団粒間間隙（非毛管孔隙）が存在するためである。通気性が高い土壌では、植物の根系の成長が促されると言われている。土壌中の陽イオンや有機酸、多糖類、植物の根や微生物の菌糸が分解される際に生成される粘着性物質が土粒子を接合させることにより、土壌の団粒構造が形成される[33)]。団粒の内部には細菌が多く、外部には糸状菌が多いことも明らかにされ[34)]、土壌の団粒構造と微生物の関係が深いことが示唆された。炭化物の施用により土壌の団粒構造の形成が促進する報告がある[16)35)-38)]。これは、炭素化物の施用により土壌中の有機物質の生分解が促進して土壌微生物濃度が増加したため、と考えられる。

木質炭化物を施用した圃場の土壌の団粒構造の形成を検討した[39)]。炭化物施用と無施用の土壌においては、250 μm 以下の団粒が 65 ％以下を占めていた。炭化物・堆肥混合施用と堆肥のみ施用の土壌では、250 μm 以下の団粒は 45-50 ％程度であり、500 μm から 1 mm の団粒が 25-35％を占めており、団粒化が促進された。図 9 に、炭

化物と堆肥を混合施用した土壌における典型的な団粒の走査電子顕微鏡写真（SEM）を示す。団粒の大きさは約2 mm（図9(a)）であり、表面の拡大写真（図9(b)、(c)、(d)）

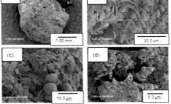

図9 炭化物・牛糞堆肥混合施用圃場土壌の団粒構造のSEM写真.

には種々の微生物が観察でき、微生物が団粒構造形成にかかわっていることが示唆された。

## おわりに

炭化物は、バイオ燃料としての液体燃料や気体燃料製造時の副生成物としも得ることができる。バイオ燃料はカーボンニュートラルな再生可能エネルギーのため、地球温暖化を促進しないエネルギーである。副生成物の炭化物を炭素隔離・貯蔵の手段として確立できれば、地球温暖化を抑制するための二重の効果が期待できることになる。さらに、地球温暖化に対する食料生産対策も含めた植物増産にも、炭化物の圃場土壌への施用が期待できる。

参考文献
1) 吉澤秀治、（総説）土壌中への炭素貯留と土壌改良材としてのバイオ炭、炭素、No. 270, 232-240 (2015).
2) 農業全書（宮崎安貞編録、貝原楽軒補）、岩波文庫 **1256-1258**（1936）pp.69-75, 岩波書店
3) 吉澤秀治、炭担体による排水の微生物処理－炭による微生物群の増殖と排水処理の実証事例－、炭の製造と利用技術（多孔質炭素の広がる用途）、第3編第4章第1節、(株)エヌ・ティー・エス、2009年6月10日, pp. 171-179.
4) S. Tanaka, M. Ohata, S. Yoshizawa, S. Mineki, S. Goto, K. Fujioka and T. Kokubun, *TANSO*, [N0. 224] 261-265 (2006).
5) S. Tanaka, S. Yoshizawa, M. Ohata, S. Mineki, S. Goto, K. Fujioka and T. Kokubun, *Trans. Mater. Res. Soc. Jpn.*, **31**, 981-984 (2006).
6) 吉澤秀治、炭入り堆肥の製造技術－炭による堆肥用微生物群の増殖と堆肥製造の実証事

例一、炭の製造と利用技術（多孔質炭素の広がる用途）、第3編第4章第2節、（株）エヌ・ティー・エス、2009年6月10日, pp. 180-190.

7) K. Hamann, M. Torn, A. Lapenas and M. Schmidt, *Biogeosci. Discussion,* 5, 661-683 (2008).,
8) J. Lehmann, C. Czimczik, D. Laird and S. Sohi, Biochar for Environmental Management (J. Lehmann and S. Joseph, eds) (2009) pp. 183-205, Earthscan, London.
9) K. A. Spokas, *Carbon Mana*ge., 1, 289-303 (2010).
10) J. Wang, Z. Xiong and Y. Kuzyakov, *GCB Bioenergy*, 1-12 (2015), doi: 10.1111/gcbb.12266.
11) 柴田晃、地域振興のためのバイオマス簡易炭化と炭素貯留野菜 COOL VEGE TM、高温学会誌、37, 37-42 (2011).
12) 関谷諒、柴田晃、鐘ヶ江秀彦、 木質炭化学会誌, 10, 22-34 (2013).
13) 谷田貝光克、山家義人、雲林院源治、わかりやすい林業研究解説シリーズ 98、簡易炭化法と炭化生産物の新しい利用（1991）財団法人林業科学技術振興所.
14) 高橋哲男、小池誠、広若剛士、杉浦銀治、すぐにできるドラム缶炭やき術 （2004） 農山漁村文化協会.
15) 原正之、土壌改良と資材　改訂第 2 版（農林水産省生産局農産振興課監修）(2003)　pp. 131-144、日本土壌協会.
16) S. Gul, J. K. Whalen, B. W. Thomas, V. Sachdeva and H. Deng, *Agric. Ecosys. Environ,*. 206, 46-59 (2015).
17) 浦田光雅、武永順次、及川洋征、神田修平、石川駿二、福田清春、木質炭化学会誌 4, 7-12 (2007).
18) 南雲俊之，安藤真奈実，森智郁、竹炭の成分組成から見た土壌改良資材としての特徴、土壌肥料学会誌、85, 37-42 (2014).
19) S. Jeffery, F. G. A. van der Velde and A. C. Bastos, *Agric. Ecosys. Environ,*. 144, 175-187 (2011).
20) L. A. Biederman and W. S. Haroile, *GCB Bioenergy,* 5, 202-214 (2013).
21) 杉浦銀次、日本醸造協会誌 7, 479-484 (1984).
22) 小川　眞、作物と土をつなぐ共生微生物、(1987) pp. 144-173、農山漁村文化協会.
23) 小川　眞、共生微生物,菌根菌の利用と新資材の開発、日本土壌肥料学雑誌、58, 500-504 (1987).
24) J. Lehman, M. C. Rillig, J. Thies, C. A. Masiello, W. C. Hockaday and D. Crowley, *Soil Biol. Biochem.*, 43, 1812-1836 (2011).
25) S. Tanaka, S. Mineki, S. Goto and S. Yoshizawa, Proc. 2nd Asia Pacific Biochar Conf., Kyoto, Sept. 15-17 (2011) Session 2-7.
26) S. Yoshizawa and S. Tanaka, *Technical Bulletin*, 196, 1-16 (2014), Food and Fertilizer Tech. Center, Taipei, Taiwan ROC.
27) 今野一男、西川介二、炭化条件の異なる各種木皮粉の施用が畑年物の生育・養分吸収に及ぼす影響、日本土壌肥料学会誌、 64, 190-193 (1993).
28) 松本和浩、神藤恵史、藤弘毅、須藤宏樹、佐々木嘉幸、園木和典、青森県で排出される有機性廃棄物に木炭、木酢液を混入して作製した堆肥がハツカダイコンの生育に及ぼす効果, 木質炭化学会誌、7, 63-67 (2010).
29) 松本和浩、向後智陽、須藤宏樹、神藤恵史、園木和典、木炭を製造過程で混入して作製した堆肥がナガネギの生育に及ぼす効果、木質炭化学会誌, 8, 18-23 (2011).
30) A. Modina, M. Vassileva, F. Caravaca, A. Roldan and R. Azcon, *Chemosphere*, 56, 449-456 (2004).
31) B. Heremans, S. Demeulenaere and G. Haesaert, *Commun. Agric. Appl. Biol. Sci.,* 70 (2005).
32) C. Arriagada, I. Sampedro, I. Garcia-Romera and J. Ocamppo, *Sci. Total Environ.*,

407, 4799-4806 (2009).
33) J. M. Oades, *Plant Soil,* 76, 319-337 (1984).
34) 服部勉、宮下清貴、土の微生物学（1996）p. 170、養賢堂、東京.
35) Y. M. Awad, E. Blagodatskaya, Y. S. Ok and Y. Kuzuyakov, *Euro. J. Soil Sci.,* 64, 488-499 (2006).
36) L. Ouyang, F. Wang, J. Tang, L. Yu and R. Zhang, *J. Soil Sci. Plant Nutrition,* 13, 991-1002 (2013).
37) F. Sun and S. Lu, *J. Plant Nutrition Soil Sci.,* 177, 26-33 (2014).
38) A. Khademalrasoul, M. Naveed, G. Heckrath, K. G. I. D. Kumari, L. W. de Jonge, L. Elsgaard, H.-J. Vogel and B. V. Iversen, *Soil Sci.,* 179, 1-11 (2014).
39) S. Tanaka, S. Mineki, S. Goto and S. Yoshizawa, Proc. 2nd Asia Pacific Biochar Conf., Kyoto, Sept. 15-17 (2011) Session 5-10.

（インタビュー）
# 伊豆大島の純粋椿油を使った基礎化粧品の開発を企画したい！

吉崎 正治さん

（株）ナチュラル代表取締役

聞き手：炭焼三太郎

　（株）ナチュラルは、創業25年目の基礎化粧品の製造会社。代表取締役の吉崎正治氏は、ご自身がアレルギー体質でもあったことから、「天然にこだわりたい」という思いが強く、大学卒業後この業界に入り、その後自ら会社を設立して現在に至っています。吉崎さん自身は研究開発者としてこの基礎化粧品業界に30年以上携わっていますが、今回の出版企画の編集者でもある炭焼三太郎（尾崎正道）との出会いを縁に、伊豆大島の天然資源でもある椿油を是非自社商品として開発し、消費者だけでなく伊豆大島の地域起こしに少しでも役立ちたいと、その希望を述べています。（編集部）

**（株）ナチュラルの概要を教えて頂けますか**

当社は創業25年になりますが、本社が東京、支店が福岡、駐在所が沖縄にあり、現在鹿児島県霧島市と埼玉県和光市の2か所に自社工場を置いている基礎化粧品製造会社です。商いのほとんどは、ＯＥＭ供給の下請け体制ですが、研究開発部門もあり、商品に至るまでの一連の製造過程を担っています。販路については、およそ80％は通販で行っていますが、もちろん通販会社も素材にこだわり、天然にこだわる会社と提携しています。

**沖縄も島ですが、ここに駐在所を置いた理由はなんですか**

沖縄のいろいろな天然原料を探索していますが、特に今はハイビスカスに注目しています。ハイビスカスの原種に近いものなのですが、花ではなく葉から採れるエキス（ハイビスカス葉エキス）は、「植物ヒアルロン酸」と呼ばれる程に保水力に優れたものです。これを海外でも原料を使用できる世界的な化粧品業界の団体に登録しています。そのほかには、ハーブ系やかんきつ類ですが、やはりメインはハイビスカスですね。

**伊豆大島も椿の花がありますが、今回は沖縄に続く花の企画となりますね**

本当にそうですね（笑）。

**吉崎社長とは以前から知り合いの中でしたが、たまたま吉崎社長に私が**

## 伊豆大島の土産として椿油を差し上げたことが、今回のご訪問の切っ掛けとなりました

　そうでしたね。椿油が何か私どもの会社の商品に関連付けられないか、或いは新商品の開発ができないか、という話がまず最初にあったと思います。私は、海外それも東南アジア方面へは

インタビュー風景

展示会や品評会などで良くいくのですが、どのコーナーにも必ず椿油は置いてありましたので、椿油そのものは以前から知っていました。しかし、どの椿油も大体が黄色に赤というデザインパッケージで、アイテムも非常に多いので、椿油は既に市場がシェアされていて、（進出するのは）ちょっと無理ではないか、と思っていました。それでも、とりあえずは、ネットで伊豆大島における椿油に関して、いろいろ検索してみましたが、「大島椿」という名称が良く出てくるので、「これは大島町そのものが事業展開しているのだな」と早とちりし、「やはり椿油での展開は無理か」と考えていたところに、また三太郎さんから新しい椿油の情報を得ることになりました。（※炭焼三太郎が吉崎氏に最初に渡した椿油ではなく、もう一つの椿油を再度お土産として持って行ったのだが、これが大島椿純粋の高田製油所の椿油でした）

## 伊豆大島産の椿油についての印象はいかがですか

　伊豆大島産の椿油については複数の会社からいろいろな製品が出ていますが、私も製造メーカーとして、そして研究開発にも携わる経営者として考えた場合、伊豆大島産の椿だけで製造する100％純

粋な椿油の有効性を活かした商品なのか、それとも多少の原産地椿油の配合構成比で製造し、どちらかと言えば、中味は他の類似商品と変わらない、イメージ戦略先行の商品なのか、という疑問がありました。誤解を招いてはいけませんが、決して非難中傷する訳ではありません。イメージ戦略の結果として、「大島椿」というブランド名が世界にも波及していることも事実です。ただ、私も世界を飛び歩いていますが、「大島椿」の「大島」が一体どこにあるのか、ということはほとんど知られていないのではないか、と思います。そう考えると、確かに「大島椿」としての商品は展開されているが、それが果たして本当に「島のためになっているのか」という疑問もまた湧いて来ます。というのは、販売者の視点に立てば、ある商品に地域の原料がその割合はともかくも、とにかく配合されていれば、その地域とのつながりをストーリーとしてイメージ展開できるからです。そうではなくて、原料を育ててくれている地域の方々の視点に立って、その商品と地域への愛情を持って、どう展開していくか、が大事だと思います。そういう意味では、今回頂いた大島産純粋の椿油には、地域の方の視点に立ったビジネスの可能性はあると思います。

**なるほど。売るだけの視点ではなく、地域の方の視点に立った戦略が必要ということですね。そのためにはどのような方法があるのでしょうか**

　とはいえ、売れなければどうにもなりません。理想論だけでは飯が食えませんからね（笑）。やはり、販売戦略とマーケティングは必要です。私の会社の場合、まずは、その商品の良さを知ってもらうこと。次に一度使ってもらうことですね。ここまでは企画力ですが、

次はまずはリピーターになって頂き、その割合を高め、それを定期購入、或いは家族にも使って頂くという流れを作るためには、まさに商品力ということになります。そういう観点から見ますと、現在の伊豆大島産椿油は、「知ってはいるが一度使ってみるだけ」、という段階ではないでしょうか。確かに、それは横への広がりはありますが、縦というか深く入っていくことはできない。長く続くためには、その深く入り込める商品開発が必要になります。そのためには、やはり商品に対するポリシー、信念というものが欠かせません。

**そういう意味では、今日お会いした高田製油所の印象はいかがでしたか**
　高田社長は、いまだに古式搾油法にこだわるという、非常に私の考えとマッチしたお考えを持ちの方だというのが第一印象ですね。16,7年前にココナツオイルというものが流行った時がありますが、これも当初はココナツの有効な果肉部分を含むものだったのですが、量産を目指すために精製時に遠心分離などの操作を行ったために効果が薄れてしまうということがあり、結果として商品寿命を縮めてしまということがありました。このことを思い出したのですが、特別な精製を掛けずに椿油の純粋な搾出を古来の方法で行うという高田社長のこだわりは、このココナツオイルの例をあげればその価値はわかると思います。古来から行われている手法で作る商品というのは、国内での需要においてまず安心感があり、且つ親しみというものがあります。仮に海外へ販売を展開するにしても、その国内において需要がなければ海外展開は中途半端なものになります。そういう観点から見ても、高田製油所さんの取り組みは可能性を秘めて

いると思います。

## 今後の(株)ナチュラルとしての椿油におけるビジネス展開の可能性についてはいかがですか

　基本としては、現在高田製油所さんの作られている天然純粋の椿油をそのまま扱うのが良いのですが、原料（椿の実）調達コストという根本的な問題と椿油の利用対象として「髪の毛」というイメージが強すぎるように思います。もう一つは、顧客を絞りすぎないこと。現在の椿油のターゲット層として少々年齢が高すぎるのではないか。これをもっと下げることで新しい顧客層を創出することも考えられます。これらの課題と現状の圧搾手法という条件から、一つの可能性としてサポニン効果を利用する手があるのではないか、と。まだ思いつき段階ですが、かなりいけるのではないかと思います。

## 非常に興味あるお話ですね。詳しくお聞きしたいところですが、ここからは企業秘密ということもあるでしょうから、そのヒントだけでもお聞きできますか

　なかなか難しい質問ですね（笑）椿油は実は髪の毛だけでなく、美容液としても優れています。皮膚にもよく、殺菌力もあります。そこの隙間的な利用を考えています。う〜ん、いまはこれくらいしか言えませんが、その可能性に掛けてみようと思っています。

## わかりました。商品化された時の見てのお楽しみ、ということですね。どんな商品が展開されるのか非常に楽しみです。今日はどうもありがとうございました

こちらこそありがとうございます。何とか伊豆大島の方々ともつながりができ、町おこしに貢献できる商品ができればと思っています。

※後記

　吉崎社長からは、インタビューで新商品開発について高田製油所さんと意気投合したというお話を聞き、また今後の商品の展開、販売戦略、マーケティングについていろいろと詳細にお話頂きました。生き馬の目を抜くビジネス界のことから、今回の本記載についてはなかなか書けない企業秘密もありましたが、かなり期待が持てそうです。（編集部）

＜参考＞

【株式会社ナチュラル】

　本社：東京都台東区東上野 6-10-8

　工場：鹿児島県霧島市牧園町高千穂 3869-43

　福岡営業所：福岡市博多区博多駅前 3-23-12　博多光和ビル 701 号

　設立：平成 7 年 8 月 22 日

　資本金：7,500 万円

　代表取締役：吉﨑　正治

　URL：https://www.natural-corp.jp/company

# 第4-3章　伊豆大島にホタルを飛ばそう

（蛍王国のシンボルマーク）

## 1. 蛍の再生と地域づくり

**ホタル　太郎**

　私たちを惹きつけて癒しを与える、優しくほのかに光る生き物、ホタル。

　伊豆大島は世界に認められた、世界最大規模の美しい椿の名所でもあります。椿の花言葉には、『控えめな素晴らしさ』『気取らない優美さ』とあります。ホタルにもそのように形容できる要素があり、美しい水環境であることを象徴する生き物です。

　私はそのホタルを伊豆大島に、より美しい水環境を再生しながら、より多くの生物の多様性を再生しながら、椿と並ぶくらいに観光名物となるよう、生息させたいと思っています。ホタルほど環境の影

響を受ける生き物はいません。日本全国至る所で、ホタルは年々生息場所が減少の一途をたどっています。それは世界的な森の減少、地球レベルの環境汚染が原因だと私は考えています。

　ホタルを再生させることは、これらの原因を改善に向かわせ、より人々と自然とのつながりが生まれ、美しく健やかな地域の活性化になると私は思っています。

　世界的にも認められた美しい花ツバキ。そこに私は、世界的にも美しい生き物ホタルを島全体に乱舞させ、さらに世界的に発信できる清らかな水環境を活かし、島全体の活性化に資するよう提供できればと願っております。どうぞよろしくお願いします。

## 【絵日記】"椿王国大島の波浮の港に蛍を飛ばす！"
## （蛍通信日記より）

文：炭焼三太郎

画：いわかわよしの（松実学園卒業生）

★3月12日、10時30分に再び三人の太郎勢（炭焼三太郎、ホタル太郎、野菜太郎）が高尾駅に集合。まず、野菜太郎から突然呼び名の変更の申し出がある。いわく、「野菜太郎から、マコモ太郎にしたい」と！「マコモ」とはコケ科の植物で何でも癌の予防効果もあるらしい。さすがは命と健康に力を入れている野菜太郎！否、マコモ太郎！「おまえマトモか？」などという外野のヤジはこの際無視することにしよう！今日はこの三人の太郎のほかに、炭焼三太郎の孫、通称"ともちゃん"（小2）も三太郎爺の見守り監視を兼て特別参加する。役割は爺の"暴走"を未然に防ぐことだが、さすが爺の孫、爺とともに最初からアグレッシブに動く。実は、彼は、毎年6月〜7月に近所の田んぼに飛び交うホタル狩りを行っているまさにホタル少年なのだ。

★さて、今回の目的は、前回エコロジー村に設置した「カワニナ」の繁殖状況の確認とともに、さらにホタル繁殖の増強を目指して、「カワニナ700匹」、「堆肥400kg」、「セリ10袋」、「豆苗10袋」、「パイロゲン400袋」を配置することだ。

ホタル太郎は軽トラでこれらの材料を遠方より運んできたのだ。彼の並々ならぬ決意を感じる。

★DAIGOエコロジー村に到着した一行は、これらの材料をゴンドラで手際よく配置場の沢へ運ぶ。まずは、ミクロゲン原石を並べる。これは水質を変える役割を果たすとのこと。さらに豆苗とセリを植え付け、そして「カワニナ」を放流、最後にパイロゲンを撒いて、作業は終了した。この作業に要した時間は実に4時間！しかも昼食抜きで行ったのだ。

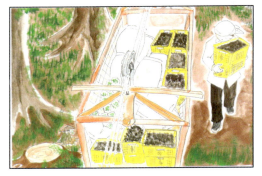

腹ペコになるのは当然、4人は持参したおにぎりをすべて平らげる。やはり、労働の後の食事は何を食べても美味しい。しかも、素晴らしいホタルが飛び交う沢ができあがることを夢見ながらの労働だからその美味しさはひとしおだ。

★さて、今日の私たちの取り組みは、実は、6月に椿王国の伊豆大島の波浮の港にホタルを飛ばそう、という試みの事前実験でもある。私たちは、今度は、大島の波浮港、川ではなく海にもホタルが飛び交っている姿に夢をさらに膨らませながら、お互い笑顔で解散したのだった。

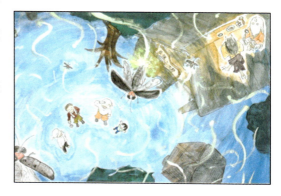

# 2. 椿と蛍と私と

三楽与太郎

松実学園理事長

　小さな学園は、自分の価値を認めてくれる児童、生徒が集まってできた宿です。
この小さな学園の教育目標は「自立と共生」です。共生とは自分を認め、相手を認めることです。そのためにこの学園ではすべての学習の中に、「五つのふれあい」すなわち、①自然との触れ合い、②人とのふれあい、③本とのふれあい、④家族との触れ合い、⑤地域とのふれあい、を取り入れています。蛍が豊かな自然を求めて飛び舞うように、この学園の児童、生徒もやすらぎの居場所を求めて、この学園に集まって来ました。早春の微光の中にやさしく花咲く椿の下に、少し季節はずれの蛍が一匹、二匹と集まって来て、今その数が四百近くになりました。

　大島の椿と蛍。新しい自然環境の中で、椿も蛍も、その個性を発揮して、輝くように当学園の児童、生徒も自らの選んだ学習環境の中で輝いていくことを願っています。その具体的な一助として、大島での椿と蛍の体験を学園としては、自然学習体験として検討していく価値は十分にあろうかと思っています。

　何らかの理由で、不登校になったり、高校を転学した児童、生徒が、

自分の居場所を自ら見つけて逞しく活躍している姿は、大島の大自然の椿の中を舞う蛍と重ね合わせる思いです。椿と蛍と私の三位一体となった幻想的な世界が体験できるのではないか、そんな思いで当学園の児童、生徒と大島の児童、生徒、大島の人々や自然とのふれあいが楽しくできるのではないか、そんな思いで今回の試みに強い関心を持っています。大島の椿と蛍と人とのふれあいが実現できることを期待して、学校間の連携等具体的に検討して行ければと思っております。

夢抱き　椿の里に　舞う蛍

＜松実高等学園＞

所在地：埼玉県春日部市中央 1-55-15

松実高等学園へ通学だけで、高校卒業は勿論、大学や専門学校への進学や各種専門資格を個々の生徒にあった学びの環境で行います。通信制高校との学校教育法に基づく技能連携校です。

入学は当学園と提携先の通信制高校の両方に入学していただきます。通学は当学園のみです。当学園で全日制の高等学校と同様な学校生活を主体的に送ることが出来ます。

大学への進学希望者は、推薦入学者、一般入試等で確実に入学を支援します。　専門資格の取得も在学中に可能です。

3年間で、高等学校普通科の卒業証書を取得します。

通信制高等学校のメリットと塾や家庭教師のメリットを合わせ持ち、個々のニーズに合わせることが可能な新しい形の学園です。
中等部からの生徒に対しては、中高一貫教育を提供します。あなたの希望に応じた学習が可能な、あなたの個性に応える学園です。

〈トピックス〉
## 私も『ほたる』という名前です

高田　蛍さん

(60代ミス大島)

　伊豆大島にホタルを飛ばそうと活動している中で、蛍という名前を持った美しい女性がいると聞いて、早速会いに行くことにした。

　三原山登山道路を車でしばらく昇り始めてから側道のヤブツバキ林道を数十分走り続けた先に一軒の古民家に辿り着いた。車の窓を開けてみると牛乳とバターの香ばしい匂いが漂ってきた。その香りに誘われるように古民家のドアを開けた、焼き窯に向かって一心に手焼きゴテで焼いている若い女性がいた。取材を試みた我々が声をかけたら、少し驚いた様子ですぐに明るい返事が返ってきた、その人が伊豆大島伝統の手焼き牛乳煎餅を焼く高田蛍さんでした。

　**牛乳煎餅はいつ頃から作っているのですか？** と尋ねてみた。

　『そもそも伊豆大島は大正時代より酪農が盛んに行われ一千頭ほどのホルスタイン種が飼育されていた。島は一年中穏やかな気候で飼育に適していることから健康な乳牛から大島牛乳で製造されました。その頃から高田家では、私の祖父が手焼き牛乳煎餅を始め、父そして私に受け継がれたということです。私は四人兄弟の2番目に生まれ、今でも伝統的な手焼きにこだわり毎日700枚をノルマとし

て一枚一枚焼いています。それは乳牛の搾りたて牛乳を使い大島バター、卵、砂糖、小麦粉を材料に水は一滴も使用しないで自然の素材だけで作る手焼き牛乳煎餅を作っているのです』との話。

　この伊豆大島伝統の手焼き牛乳煎餅をいつまでも守っていきたいと輝いた眼差しと美しい笑顔で語ってくれた。

　最後に我々はその焼きたてを食したところその味は、香ばしい香りと牛乳のなめらかな味わいが懐かしくやさしい気持ちをもたらせてくれた。ありがとうございました。

手焼き牛乳煎餅製造

# 第4-4章　椿王国の新しいプロジェクト

## 1. 椿を活用した新しいプロジェクト

**中西義和**

株式会社オムニ・アドバタイジング

代表　クリエイティブディレクター

**大島椿を最大限に資源活用したい！**

　伊豆大島のヤブツバキは、縄文時代から島に自生し幾多の火山の噴火と台風などの災害からも力強く生き続けてきました。島の人々は椿を防風林に使用し家屋や畑を守ってきました。また春には可憐な赤い花が心を癒してくれます。

　古くは平安時代より茶室が造られ一輪挿しの花には椿が使われ、今でも茶室には多くの椿が生けられています。

毎年1月下旬から3月下旬まで「椿まつり」が行われていますが、その後は、花が散りその花びらを使う椿花染めという伝統工芸が今でも行われています。

茶室の一輪挿し　　　　椿染め

　その製法は鮮やかな椿の花びらだけの染め液を作り、シルクの生地を液に浸します。媒染で緑色や紫色にも染めることができます。その後は液色が染み込んでから水洗いしタオルなどで水気を拭き取りアイロン掛けして仕上げます。淡い色合いが優しさに満ちて椿の品が漂います。

　そして、毎年9月から10月にかけて椿の実がなる頃は、子供から高齢者まで種子を拾い集めて製油所に引き取ってもらう。集まった実から良質な種子を選別し、天日干しをして堅い殻を粉砕したものを何度も振るいにかけて細かくしてから蒸籠で蒸します。蒸し上げれば冷めないうちに加圧器で搾り出します。この搾られた100%椿油はさらに精製されて食用油にもなり、サラッとした口当たりは、肉や野菜などの炒め物にも美味しく召し上がれます。

椿の実　　　　　　椿油の搾り出し

## 「カメリア B.B.Q ガーデン」

　椿祭りを終える4月以降の「椿の森公園」は来場者が少なく閑散としている状況です。公園内に B.B.Q 施設を作ってみては如何でしょうか？それは昔から**「椿の恵みを余すこと無く大切に利用してきた」**ことを観光客にも体験として知って貰いたいからです。

　**第一に B.B.Q には火が必要です。**それには、椿炭が一番美味しく焼けます。さてその炭は公園内で炭焼き窯を建設し、炭造りを希望者に体験してもらいます。その炭材は、公園内の椿木、島内の椿の間伐材を使用した備長炭にも勝る**「高級椿炭」**となります。

B.B.Q イメージ

椿炭焼き窯

　**第二に B.B.Q には椿油が決め手です。**

　先に椿油が出来るまでを説明したので B.B.Q をより楽しむために椿油の使い方を説明します。椿炭に火が起きたなら先ずは魚介類のサザエのつぼ焼き、トコブシさらには伊勢エビなどを豪快に焼いてみよう！仲間の大歓声の中、焼き頃に醤油そして椿油を少量たらしたら？香ばしい香りが漂い美味しさが爆発します！！！

椿油

サザエのつぼ焼き

**第三にB.B.Qメインはカメリア豚で大満足！**

　さて「カメリア豚」って何？実はまだ生産されていませんが、スペイン産の高級食用豚「ドングリを食べて育った豚」のことを『イベリコ豚』という。その肉質の美味しさはドングリのオレイン酸が旨味成分になっているからです。そのことから椿油を搾り出した粕を肥料と混ぜ合わせ大島豚に食べさせてみたい。そんな夢を語りながら椿オイルの鉄板焼きで豚肉を豪快にいただきます！将来の大島ブランド品として「カメリア豚」の誕生を期待したい。

イベリコ豚イメージ

**美容・アンチエイジング椿オイル**

「大島乙女椿油」OTOME KAMELLIA OIL

　乙女椿の花言葉は「控えめな美」「控えめな愛」の二つです。また名前の由来は可憐な花姿が乙女を連想されるという説や、実ができないから乙女という説までありますが、乙女椿の実は少ないことから希少価値となっています。伊豆大島に自生する乙女椿の実より

100%の椿油を抽出し、独自の精製技術で食用油に仕上げた OTOME KAMELLIA OIL。その成分はビタミン E が豊富に含まれ細胞を酸化から守り、がん予防にも有効と言われている。さらに血管を強め血液の循環が良くなることで貧血予防にも効果的に働きます。また椿油にはオレイン酸も豊富で、健康な皮膚を作り出し老化の進行を抑えるアンチエイジング効果も得られると言われており希少価値の高いバージンオイルを開発する構想です。

乙女椿

OTOME KAMERIA OIL イメージ

## 「明日葉スイーツ」

　伊豆大島のあしたばを具材に「明日葉スイーツ」を都内の有名パティシエに創作してもらう！これをテレビ番組で放映させることで話題となる。内容は、都内の有名パティシエ 3 名を選出し、伊豆大島に来て明日葉を摘むことからスタートし、ホテルの厨房で幾つかのスイーツ作りに挑戦してもらう！仕上がったスイーツの審査は島民の皆さんが投票によって金・銀・銅を競い合ってもらいます。また金賞のスイーツは、伊豆大島のご当地ブランドとして島内で製造販売する。

　　　　明日葉　　　　　　　明日葉スイーツイメージ

以上のフルーツに限らず、「あしたば」をもっと活用しようということで、メニュー開発が開始されている。
そのいくつかを紹介しておこう。

## 伊豆大島アーティスト・イン・あしたばレジデンス

　豆大島に各種の芸術制作を行う人物に一定期間滞在してもらって作品制作を行ってもらう事業のことである。このレジデンスは欧州では古くからある制度で、日本では文化庁の在外研修員派遣制度や企業財団による海外派遣の助成制度を活用して行われている。本来的な意味での Artist in Residence を日本に導入したのは、各国の在京大使館の方が早かった。これは創作活動の場として日本に魅力を感じ来日を希望する海外のアーティストが多かったことが主な理由と思われる。それには宿泊施設と創作スペースが必要で、例えば「ホテル椿園」「新町亭」をリニューアルしてアートスタジオの活動を応援したい。

ホテル椿園「新町亭」　　　外国人版画作品イメージ

## 「椿地蔵」

　地蔵菩薩とはサンスクリット語でクシティ（大地）・ガルバ（胎内）。大地のように広い慈悲で人々を包み込んでくださる菩薩様とされている。日本では平安時代以降、地蔵菩薩への信仰が庶民にも広がり、村はずれに立つ地蔵は人々の身代わりとなって苦しみを背負って鎮座している。三原山は、活火山で過去にも多くの犠牲者を出した。しかし、この大地に根づく大島椿と共に「椿の番人」として石像『椿地蔵』を島内各所に設置し、人々の安全と希望を祈願したいと思う。また、観光客にとってもご利益となることを願っております。

椿地蔵イメージ１　　　　椿地蔵イメージ２

## 2. 椿ハチミツに思いをこめて
### ～地域経済活性化に向けた商品開発の成功要因～

秋丸 剛志

（株）みんなの農業代表取締役

　現代は、国民全員がカメラを扱い広告媒体（ブログや SNS など）を持っている所謂「国民総マスメディア化」の時代だといっても過言ではありません。こういった時代では、商品の基本コンセプトを固め、マス（大衆）が気になるニュースを意図的に作ることが出来れば、広告予算をかけずに商品 PR することが出来ます。つまり作り手が「〇〇を良くしたい！」という想いさえあれば、それに賛同して情報を拡散する方々も多いという事です。良いモノを作ったのに売れないというのは「情報伝達力」が問題です。

　大衆の気持ちを想定しながら、私が手掛けた一例に「食べて二度おいしい！トマトジュレ」があります。これは福島県の漬物メーカーである八島食品に、福島県の復興支援として地元トマトを使用してほしいという依頼があったのですが、「見た目の良さ」を追求すれば女性ウケするので、湯剥きしたトマトに当時流行っていた塩レモンをメインディッシュのお皿に添えました。ただ、それだけでは SNS で自慢したくなる要素が足りないので、トマトを食べ終えた後に残る「ジュレ」にオリーブオイルをかければ「ドレッシング」に

なり、それを活用した料理レシピを作成することにしました。これにより情報の拡散とともに商品の認知度も高まり、大手小売店との取引も増えました。

　さて、それらを鑑み、御客様が手に取ってもらい SNS で自慢したくなるような商品を開発するとしたら、伊豆大島の特産品で何を使うのが最適なのでしょうか？椿油、明日葉、くさや、バター、焼酎などが特産品といいますが、高確率で宣伝効果が起こるよう商品設計を考えるのが正直難しい。

　そこで、私は椿ハチミツを選定します。椿は、椿油配合と言うようにシャンプーに使用する種子だけが注目されていますが、蜜も豊富に分泌されますので一石二鳥です。

　また椿の花言葉は「控えめな素晴らしさ」です。一方で、三原神社は噴火にも耐えた「奇跡の神社」ですので、関係者が描いた商品名をデザインに組み込めば「厄除け」にもなります。

　大島の2大名産を使いながらも椿油の生産にもプラスの要素があり、「控えめな素晴らしさ」「奇跡の神社」「厄除け」など女性が好む要素を加えれば、お土産やプレゼント用として最適です。30gぐらいの容量で、シンプルな容器に椿ハチミツが入っていればブロ

グやSNSなどでも自慢したくなりますよね。ただ伊豆大島で椿の蜂蜜を安定生産できるかが課題となります。ハチミツの立ち上げのプロと現地で視察し、地域住民の理解を得られなければ絵に描いた餅になります。

　作り手の気持ちをよく考え、基本コンセプトをしっかり固め、コミュニケーションツールをどう駆使するかなど、商品開発の前にどういった準備をするかで「売れるか、売れないか」が分かりますので、この点を御留意いただけますと幸甚です。


＜参考＞
【株式会社みんなの農業】
商号　株式会社みんなの農業（everybodys agriculture）
設立　2013年1月23日
本社所在地　〒101-0062　東京都千代田区神田駿河台3丁目5　東京ファミリービル1F
（登記場所：三鷹市下連雀）
電話番号：03-3292-5077
Mailアドレス：info@everybodys-agriculture.com
交通のご案内:JR御茶ノ水聖橋口徒歩5分/千代田線新御茶ノ水駅徒歩1分
代表取締役 秋丸剛志（あきまる　たけし）
資本金　　　2,500千円

〈トピックス〉
点から線へ

川嶋　舟

東京農業大学農学部　准教授
デザイン農学科　生活デザイン農学研究室
バイオセラピー学科　動物介在療法学研究室
博士（獣医学）・獣医師

　海を滑るように進む島への高速船は、ほとんど揺れることのない快適な船旅でした。風向きの都合で元町港から変更となった岡田港から初めて大島に上陸をすることになりました。天候によって入る港を選ぶことができることは、島への交通手段としては安心できる点です。一方で、公共交通機関の発着地点が日々変わる経験をほとんどしていない観光客にとっては、天気によって着く港が変わることを想像することは簡単ではなく島の生活の大変さを感じる点でもありますが、それ以上に島に来たということを実感しやすい離島の魅力に感じるものです。

　伊豆大島のイメージは、三原山そして椿油などが思い浮かぶのみでしたが、足を運んでみると様々な魅力があることに気づかされました。豊かな植生を持つ自然、自然が生み出した興味深い地形、椿をはじめとして季節に応じて島のどこかで見ることのできる花々、本州では見ることのできない鳥たち、地球の息吹を感じる三原山と

温泉など何度も足を運びたくなる要素も少なくありません。また、アクティビティーとしてきれいな海で楽しむことのできるダイビングや海水浴や、島内を巡ることのできるサイクリングのレンタルなど、楽しむことのできるコンテンツが多くあります。さらに、観光にきた際のもう一つの楽しみともいえる食についても、郷土料理といえる「べっこう寿司」や特産品とされる「くさや」のほか、地元の食材をつかったアイスクリームなどもあり、様々な地元の方に愛されている食文化を楽しむことができます。

　全てを堪能するためには島に何泊もしなければならない程のコンテンツがありますが、一方で、数多くある魅力的な観光資源が十分に連携を取れておらず、一人で島を楽しもうとする際には、一つ一つについて場所や行き方を調べて回らなければならないところがもったいないように感じます。価値があり楽しむことのできる観光資源について、近隣の他の観光資源の情報も一緒に紹介するなど連携を取ることによって、点から線への観光となります。このことで島の観光の仕方が、個人の方でも分かり易くなり何度も足を運びたくなる観光の方も増えるのではないかと思います。

　奥の深い島であり、様々なコンテンツがあることが分かり易くなれば、何度も足を運ぶリピーター方も徐々に増えていくことでしょう。


＜専門領域＞
動物介在療法・動物介在活動
就労支援のプログラム開発

農福連携・医福食農連携の実践モデルの構築

　障害があることや、不登校、出社拒否、高齢など社会で生きることに様々な困難を持つ人を対象とし、社会に関わるきっかけをつくり、生活の質を向上させ社会の一員として生活できるようになることを目指す動物介在療法のプログラムの開発、実践および教育研究を行なう。さらに、社会で生きにくさを感じる人などに対して、プログラムで社会と関わるためのきっかけを得た方が社会の中で役割を持ち、継続して社会に関わり続けられるようにするために教育や就労への支援と、新たな就労モデルの構築や就労支援の新たな「職」のモデル開発を行う。

　誰もが自分の価値を許容され、「誰もが生きることのできる社会」となることを目指し、馬を用いるホースセラピーと就労支援が専門であるが、訪問介護の枠組みの中で養蚕を行う「訪問かいこ」事業の展開もはじめるなど農業と福祉の連携（農福連携）や関連する領域を複合的に取り扱う必要から、地域デザインに取り組み、地域を活性化するきっかけをつくる事例にも多く関わっている。

# 3. 海とツバキと牛の島

舩木翔平

東京農業大学非常勤講師畑の会

## 海と空

令和元年7月14日、初めて伊豆大島へ友人らと訪れた。

調布空港から小さい飛行機に乗り、瞬く間に広い青い空へと飛び立った。窓から見えたその景色は、多摩そして関東が一望できた。

「ここから多摩を眺めたのは初めてだぁ。」新鮮な感覚とワクワクとした気持ちでいっぱいであった。少しすると、海に明るい緑色と焦げ茶色の島が見えて、30分ほどで伊豆大島に到着。思ったより近く、あっという間のフライトだった。飛行機から降りると、ほのかな海の香りと、森の香りとが混じり合った島独特の空気を感じた。

## ツバキ

先ず、島へ来て私が見たかったのは、「ツバキ」だった。ここは、「ツバキ」が有名と思い、どうやって「ツバキ」を栽培し、ツバキ文化があるのか知りたかった。事前に調べていた「ツバキ」の場所は、やや山側にあり徒歩で向かうのは難しい場所であったため、レンタカーで向かうことにした。車で目的地へ向かう途中にもツバキが所々に存在し、どれも立派な大木であった。

「どの木も堂々としてるよな〜。そして、枝葉を横にも大きく広げ

て包み込むような。」
「そうですね。八王子では、見たことありませんね。こんな大木のツバキ」友人も興味深く観察していた。
数十分車で走り訪れた先は、濃い緑色の葉が覆う森で、そこに何本ものツバキの大木があり、雄大さと島に溶け込む不思議な落ち着きを感じた。

## 牛

　もう一つ、伊豆大島で気になっていたのは、酪農だ。ここで酪農を営んでいることを誰かから…聞いた事があったので、事前にインターネットで調べていたら、「大島牛乳」が出てきた。さらに伊豆大島の酪農の歴史を調べていると、明治時代にホルスタイン種を導入後、大正時代には約千頭、最盛期の昭和元年には、約千二百頭もの牛が飼われていた。別名「ホルスタイン島」とも言われていたそうだ。こんなにも牛が飼われていたとは、驚きだ。しかし、牛乳の消費量の減少と共に生産量も減少し、2007年に一時は「大島牛乳」が店頭から消えた。その翌年、有志ら集まり再び「大島牛乳」を復活させた経緯があった。私が思うに、島民の人にとって単に「牛」は経済動物ではなく、家族的な存在であり、また島の風景を創り出している島の一部でもあったであろうと感じた。
私事ではあるが、新規就農した八王子の農地の所有者も酪農家であった。周囲は、常に牛の匂いが漂っていた。また今年、体験型農園の開設をお手伝いするところも酪農家だ。私は、「牛」となんだかと縁があるようだ。

## 楽しさを生み出す島へ

この島は、島民も動物も植物も島を包み込むような雰囲気と開放感を感じた。ここへ訪れる人は、先ず大きな空、または大きな海を渡り、島へ辿り着いた瞬間に島独特の匂いに触れて、非日常的な空間へ来たことを感じる。

私が今回、伊豆大島へ来て知りたかったことは、「島に訪れる前に何を思い、島に訪れたら何を感じるか」である。普通の観光客の気持ちになりつつも、風景や匂い、動物、植物などの魅力を見つけ価値を探す。一見すると、単なる古びたものや当たり前の風景が物凄い価値に生まれ変わる。そこに物語が見えてくる。

先ず、島へ辿り着く前に目にするのは、「海と空」。それは、広く大きく雄大であるが、どこか不安さも感じる。正直なところ、海を渡って島へ訪れるのは、かなりの目的意識がないと難しい。そこで次に出てくるのは、「ツバキ」である。伊豆大島をイメージする一番のキーワードは、ツバキである。現在のインターネットやSNSを中心とした広告戦略を考えると「ツバキ＝伊豆大島」は、抜群の認知度がある。(若年層では、認知度が低いかもしれないが)既にインターネット上にツバキと伊豆大島は、とてもたくさんの情報があるため、伊豆大島関連のサイトへ辿り着きやすい。つまり、一般の方が一番入りやすいキーワードを見つけることが重要だ。最後に「牛」。動物には、不思議と人を惹きつける魅力がある。島民と牛との関わりや生活風景は、島の風景そのものでもあると思う。

ここでは、具体的なアイディアや仕組みなど全く書いていないが、あえて書かない。それは、島の人々と共に考えて実行していくもの

だと、私は思う。私がピンときたキーワードとテーマだけ記述してみた。私がいいアイディア、儲かる仕組みをつくり実行しても上手くいかないのだ。今、世の中は、物が売れない時代と言っている。「モノ→コト」だといい、体験型サービスが増えている。しかし、それらのサービスも溢れている。単に伊豆大島でしか出来ない体験型サービスを提供したところでお客様は集まらないと思う。そこに必要なのは情報で「どこの誰が何をしてくれるのか」である。島に住む人、訪れた人達が様々な媒体で発信し続けることが何より今必要なことであり、発信力に繋がる。Facebook、Twitter、Instagram、YouTubeなど、発信する方法は何でも揃っている。しかも、誰でも無料で好きなように投稿ができるのだ。けれども、割と根気のいる作業かもしれないが、反響がすぐコメントなどでくるため、案外癖になり面白い。

私が考える地域活性は「自発的思考」の人が増えること。そして、アイディアを実行し続けること。だから、今度来たときは、島の人たちとお酒飲んでお話聞いたり、いっぱいお喋りしたりしたいな。


そして、夕刻に船に乗り島をあとにした。



【舩木翔平】
アルッテファーム　農園主
一般社団法人畑会　理事／畑ディレクター
東京農業大学　非常勤講師
2010年に東京農大を卒業後、新規就農を目指して八王子市内の農

家で農業研修をし、2012年に八王子初の新規就農をする。2013年に農業事業会社を立ち上げ、飲食店を中心に野菜の販売や農業体験型イベント企画を多数開催。

2017年からイチジク栽培を始め「東京いちじくプロジェクト」を立ち上げる。他、都市部や山間地域の遊休農地を様々なアイディアを提案し、人が集まる畑の運営に関わる。

# 4. 地域資源活用ブランド開発

**中西義和**

株式会社 オムニ・アドバタイジング代表

　伊豆大島の地域資源は、**山・海・椿**に代表されますが、長い歴史と文化を知り得ている地域の人々が、資源を活用して新しいブランド作りを開発するためのヒントとなれば幸いと思い幾つかのラフアイデアをご提案します。

### ◇伊豆大島の魅力
　東京から一番近い島。古い昔から自然の厳しさを知り、自然の恵みをいただき、大島にしかない自然のままの美しさに感動し、そして人間も自然の一部であることを実感する。人は、贅沢なもの・便利なものを求めてきたが、ここに来れば人間本来の生き方を発見できると思う！

### ◇ブランド作りのコンセプトは、7つの「( ^ω^)…しい」
①.**美**しい ②.**楽**しい ③.**美味**しい ④.**新**しい ⑤.**愛**らしい ⑥.**優**しい ⑦.**懐**かしい　上記のキーワードがひとつでもなければブランドに成りにくいと言えます。

### [山]　最も美しい場所でキャンプをしたい！
　「月の砂漠キャンプ場」三原山の頂上部で、流星群と月を観賞するジオパークシネマの設置に取組みます。それは三原山噴火で出来

た溶岩流は、まるで地球上にいるとは思えないほど幻想的なパノラマが広がり海洋に夕日が沈む頃から、見上げる天空には無数の流星群と月が降り注ぐ、まさに宇宙空間に放たれたかのようです。キャンプ場は、木製の高床式で川床ならぬ山床で、自前のテント50張が設営できる木造橋を建設します。またキャンプ場以外に観光用として「エアマット」（※注1）を設置し、まるで宇宙に浮かんでいるような無重力の体感を味わいながら流星群と月を観賞します。

（※注1）エアマットとは巨大なハンモックのような仕掛けで二人用、四人用があり、さらに無数のゴム風船をネットで被せた子供用の遊具を設置。ジオパークの宇宙ショーの開演を期待したい。

三原山頂部の山床イメージ

ハンモックイメージ　　　　　　エアマットイメージ

## [山] 宇宙旅行の夢を先取り！

　「**宇宙カプセルホテル**」三原山の山麓にカプセルホテルを建設します。カプセルホテルと言えば安価な簡易宿のイメージを脱して、未来的な宇宙カプセルを連想し、今では欧米人観光客に予約殺到の衝撃を与えています。特に子供たちにとっては宇宙カプセルの窓から見える星空は、まるで宇宙空間に浮かぶ宇宙船にいるかのような体感を味わえるでしょう。

星の見える天井窓のパオイメージ　　　カプセルホテルイメージ

## [山] 三原山活火山の地熱利用の実験！

　「マグマ地熱発電システム」究極の地熱発電とも言われる「マグマ発電」は巨大なエネルギーを生み出す技術で、すでに火山国アイスランドが建設に踏み出しています。技術としては注入井よりマグマ域に水を注入し、生産井より超高温流体を回収し、タービンを回して電気エネルギーにする仕組みです。伊豆大島全域で脱炭素の水源循環型の里山エコトピア構想。その利用方法としてハウス栽培用温水供給、電気バス、電気自動車など更に公共施設、住宅用に至る全てのエネルギーにマグマ地熱電気を利用する。将来的には飛行機、旅客船舶、漁船にも電気エネルギーでクリーンな海洋になることを願っています。

国営アイスランド・マグマ地熱発電所イメージ

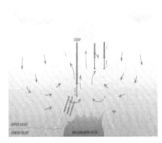

マグマ地熱発電システム

## [海] 旅客電気船の誕生に期待！

　旅客電気船「ブルーオーシャンシップ」日本初のマグマ地熱電気エネルギーを導入した船舶は、石油に比べて低コストしかもクリーンで海を汚さないエコロジー。かつては漁業が栄え、波浮港は大盛況で一時代を築きましたが、漁船の大型・高速化によって港の利用

が途絶えてしまいました。しかしながら車の進化は世界的にも無人化の技術まで進んできています。電気船舶も近い将来に、漁船、旅客船が誕生するでしょう。その時は波浮港に電気充電ポートを建設し、本土からの企業プラントに対して低コストの電気供給が実現できれば建設誘致も期待できます。

高速ジェットフェリー　　　　　未来型電気フェリーイメージ

## [海] おしゃれな釣りキャンプ場を設営！

　「フィッシングミニキャンプ」伊豆大島に来る釣り人は、釣船に乗り合いで釣りを楽しむ中年層が多く見受けられます。これからはフィッシングもおしゃれに演出したい、それは手ぶらで来ても楽しめるミニキャンプ場でもあります。ブルーとピンクのボーダーライン柄のミニテントを用意し、日よけと休息に使用します。また椅子はトローリング風を二脚設置し、ゆったりとフィッシング。釣れたらその場でB.B.Qセットもあり、椿炭火でじっくり焼けば最高の美味しさに感動します。

ボーダーライン柄ミニテントイメージ　トローリング風チェアーイメージ

## [海] いつでも誰でも釣れる漁場！

「ブルーオーシャン・フィッシング」釣りはやはり魚が釣れるから嬉しい、楽しいレジャーです。いつ来ても誰でも釣れる漁場を海辺に上記ミニキャンプと同様におしゃれなフィッシング場の設営に取組みます。それは生け簀であり餌付けしたマダイ、イシダイ、シマアジ、イサキなど多くの魚が生息しています。釣れた魚は海市場で買い取ってもらうもよし、お持ち帰りもOKです！また養殖としてキンメ、タイ、マグロなど大学海洋学部との産学共同研究を実施して近大マグロのようにブランド商品化も期待できます。

ブルーオーシャン・フィッシングイメージ

## [温泉] 火山の恵み「温泉」をもっと魅力的に！

「夕日絶景プライベート露天風呂」御神火温泉、元町浜の湯は地元の方々が多く利用しています。昔の大衆風呂に馴染みのある人には、親しみ易さと気取らない雰囲気が良いと思われますが、観光客には温泉に入りたいが馴染めない人が大半と思われます。そこで大海に沈みゆく夕日を「二人だけの温泉」で、しっぽりと包まれた世界で味わいたい！その建設候補地は上記施設に隣接した海岸沿いに温泉を引きプライベートな貸切り露天風呂の設営に取組みます。価格的には二人だけの夕日観賞として1,500円（一人）そしてオリジナルカクテルもご用意します。

プライベート貸切り露天風呂イメージ

## [温泉] 温泉の利活用でハウス栽培に取組む！

「高付加価値ブランド創生」伊豆大島の明日葉、青唐辛子を始めとする野菜などは採算に合わず島内で食されています。しかしながら「常春の島」「活火山の島」という風土より温泉を利用した温水ハウス栽培を検討したい？但し、離島と言う輸送費が高くなる分を補

える高い付加価値商品を開発しなければなりません。一例を上げると「世界一の花消費国日本」と言われている『ラン』があります。何故か？店舗オープン、会社設立など数多くの祝い事に日本では高額な胡蝶蘭、デンファレ（フィリピン輸入）などを送り枯らしてしまうからです。

そしてラン科植物は火山灰土壌に適していることから島内生産の可能性に期待したい！その他には「カカオ」「バニラ」「パパイア」などの高級輸入品に負けない大島ブランドの美味しい果実の栽培に挑戦してほしいと思います。

胡蝶蘭イメージ　　　　　　　カカオの実イメージ

## [食] タピオカが伊豆大島へ上陸！

「カメリアタピオカ」ご当地ブランド　タピオカは東南アジアが発祥地で瞬く間に日本全国で広まっている人気フードです。原宿だけでも多くのショップがオリジナルドリンクを競い合っている状況で、この追い風に乗って伊豆大島の「カメリアタピオカミルク」のオリジナルドリンクを製造販売してほしい。町営牧場の新鮮な牛乳ソフトクリームを使い、椿花エキスをブレンドしたタピオカドリン

クをご当地ブランドに仕上げたい。

（参考例）タピオカの代用品として検討：伊豆大島の天草を原料とした「寒天」「ゼリー」を玉状にしたダイエット食品。または小麦粉を原料として「ほうとう」などでオリジナルドリンクを作り上げます。

　　カメリアタピオカイメージ　　　　カメリアスイーツイメージ

## [食] 伊豆大島の地酒を新たに醸造しよう！

　「伊豆大島地酒」伊豆大島には本格焼酎「御神火」と「おやじごろし」がありますが、ブランド商品としてまだ成り立っていません。伊豆大島は、桜島と同様に火山灰の土壌で育ったサツマイモが収穫でき、その同じ原料からも鹿児島に負けない焼酎を醸造してほしい！例えば「御神火」と呼ばれたのは800年前のこと、三原山を「山の神」と崇めたように火山から連想してもアルコール度数を35度、45度と高めに仕上げた美味しい焼酎に挑戦してほしい！またアルコールに弱い人には割るためのサワーも製造し「**カメリアサワー**」「**明日葉サワー**」「**びわサワー**」などカクテルドリンクとしてご当地ブランドを創作することも考えられます。

御神火焼酎　　　びわ・明日葉・椿花サワー

## [スポーツ] 伊豆大島トライアスロン大会 6 月初旬元町開催地

　「トライアスロンの伊豆大島」トライアスロンとは、スイム 1.5km、バイク 40km、ラン 10km の過酷なスポーツです。この種目は、伊豆大島にとって立地条件もぴったりのスポーツ場と言えます。多くのアスリートの練習場として誘致活動を推進していこう！また自治体とスポンサーの協力が必要で島を上げてボランティア活動に参加してほしい！毎年 6 月に開催されるトライアスロン大会のテレビ放映を始め、東京都 hp、大島役場 hp、SNS、YouTube などの動画サイトで世界に発信させることも考えられます。

トライアスロン・スイムイメージ

トライアスロン・バイクイメージ

## [スポーツ]　伊豆大島で実施されるスポーツ大会を応援する！

　「スポーツの伊豆大島」伊豆大島で行われるスポーツ大会（5月ジオパークマラソン、6月トライアスロン、10月三原山ヒルクライム、12月伊豆大島マラソン、2月カメリアマラソン）が実施されていますがもっとPR活動が必要です。東京マラソンは2020年3月1日に実施予定ですがエントリーが多いために抽選に外れる人も沢山

いる人気マラソンです。では、走りたい人に東京都伊豆大島に同時開催すればランナーも満足するのではないでしょうか？

伊豆大島ジオパークマラソン大会

ヒルクライムイメージ

## [スポーツ] 都立大島高校11名の野球部員がまた甲子園に挑戦！

「都立大島高校の応援試合」たった11名の野球部員で、甲子園を目指して東京都大会の四回戦まで勝ち進んだという記録があります。それは過去にも同様に都立大島高校の活躍が話題となり親善試合で強豪の日大三高を始め、数々の高校野球部が来島したといいます。野球以外のサッカー、ラグビー、陸上など若者たちの活躍が伊豆大島の宝となり挑戦を受けて島民一丸となって応援しましょう！

大島高校野球部イメージ

ラグビーイメージ

## [イベント]　　伊豆大島にハワイのフラダンスを呼ぼう！

「伊豆大島フラダンスフェスティバル」伊豆大島はハワイと姉妹都市を結び友好を続けておりますがニュースにならないので関心がありません！そこでハワイと言えばフラダンスを伊豆大島の一大イベントに仕上げてはどうでしょうか。同じ活火山を持つ島の自然災害からの復興を重ねてきた島の絆を深めたいことから友好活動を更に強めていきたい、という主旨です。イベント内容は、本場ハワイのフラダンサーをメインゲストに、福島の復興フラダンサーと日本全国のフラダンスチームも参加し、あんこ椿フラダンサーを結成して復興支援活動に役立てることも考えられます。また御神火太鼓とファイアーダンスのコラボレーションによるダンスショーを見ながら楽しむ野外レストランを設置して島民の皆さんも参加する大島一大イベントに仕上げることはいかがでしょうか。

フラダンスイメージ

ファイアーダンスイメージ

御神火太鼓イメージ

## [イベント]　　大自然のパワースポットを浴びてヨガ修行！

　「伊豆大島ジオパークヨガレッスン」日本女性に幅広く人気の高い「ヨガ」。その人気のヒミツは、美容、健康、ダイエット、ストレス解消が上げられます。会社帰りの初心者ヨガ、ホットヨガまで数多くのヨガレッスンがあり上級者になるとインストラクター資格を取得するレッスンまであります。更にプロに教えるカリスマインストラクターがいるスクール（※注2）とコラボして定期的にジオパークヨガレッスンのツアー合宿を企画。それは自然の雄大さを体感しパワースポットを浴びながら、本来のヨガである瞑想と精神修行を学ぶカリスマ道場としてここ伊豆大島を聖地としたい。

　（※注2）このスクールは米国ヨガアライアンス（YOGA Alliance）のヨガ資格取得で海外でも通用するインストラクターを養成するスクールです。島内の三原山の幻想的な風景と活火山の大地に触れ、四方が海、そのパワースポットを浴びながら1日6時間のオープンエアヨガを10日間で講師インストラクターの資格を取得します。

三原山オープンエアーヨガイメージ　　海岸オープンエアーヨガイメージ

# 5. 伊豆大島の再生可能エネルギー試考

奥澤　篤

一般社団法人日本スマートシティ研究協会　理事

はじめに

　「東京都離島振興計画」では環境・エネルギーについて「環境の保護と開発のバランス確保、再生可能エネルギーの活用」を重点的に推進するとしている。これを受けて利島村では「再生可能エネルギーを活用した自立・幸福アイランド計画（利島村モデル）」を策定して、太陽光発電や太陽熱利用、風力発電蓄電池・エネルギーマネジメントシステムを中心とする取組を進めつつある。八丈島でも東京都と共同で設置した「八丈島再生可能エネルギー利用拡大検討委員会」において地熱発電の規模拡大を検討し、2022年度をめどに既存の地熱発電所よりも高出力の地熱発電所を民間主導で建設・運営する計画である。

　伊豆大島では再生可能エネルギーの現状はどうなのだろうか、その将来はどうなっていくのであろうか。既往資料に基づいてエネルギーの現状を確認するとともに、将来の再生可能エネルギー導入の可能性について展望してみよう。

## 1. 伊豆大島のエネルギー事情

　伊豆大島のエネルギー消費量のうち化石燃料由来は、重油約15,000トン、石油製品約7,700トン、ＬＰガス約2,300トンである。

推計発電量は約5,700百万kWhで、僅かな太陽光発電を除き、すべて内燃力発電所からの供給である。公共施設等における再生可能エネルギー・EV設備等の導入状況を見ると、10kWの太陽光発電を公共駐車場に導入済みである(「島しょ地域における再生可能エネルギーを活用した地域づくりに関する調査報告書」による)。

　平成25年10月の台風26号接近による甚大な被害を踏まえて策定された「大島町復興計画」では、復興の柱のひとつに「防災まちづくりの強化」を挙げている。その一環として策定された「二酸化炭素排出抑制対策事業計画」(平成27年度)では、太陽光発電及び蓄電設備を公共施設や避難所等に設置し、地域の防災力を高めるとともに、低炭素型島づくりを進めていくことを目的としている。また、平成29年度には大島町太陽光発電設備等導入事業が完了し、島内3か所の公共施設に太陽光発電と蓄電池が整備された。差木地公民館(太陽光発電:14.04kW、蓄電池:24.0kWh)、北の山公民館(太陽光発電:13.26kW、蓄電池:24.0kWh)、消防本部(太陽光発電:9.537kW、蓄電池:16.8kWh)である。このほか、一般家庭等にも太陽光発電が順次導入されている。

　この整備によって、伊豆大島の災害時に電力会社からの送電が停止した場合の独自電源として利用できるだけでなく、大規模震災等で重油等の輸送が途絶した場合にも対応可能となった。もちろん、通常では太陽光発電により得られた電力を施設内の電力消費に充当するので、化石燃料由来の購入電力を購入しないという点で低炭素化が実現する。余剰電力は蓄電池に充電しておけば、夜間や雨天曇天の際にも電力を供給できる点で自立性の高いエネルギー利用構造を実現したと言えよう。

この背景には「都民ファーストでつくる『新しい東京』〜2020 年に向けた実行プラン〜」による政策展開がある。ゼロエミッションアイランド実現に向けた取組のうち、主要施策である再生可能エネルギーの導入促進として、2020 年までに再生可能エネルギー電力利用割合を 15％程度（2014 年度約 8.7％）まで高めることを目標にしている。そのために「島しょ町村における地域特性に応じた再生可能エネルギーの利用促進の取組を支援し、低炭素な自立分散型エネルギーの普及拡大を推進する」としている。

　しかし、公共施設への導入だけでは伊豆大島におけるゼロエミッションアイランドの実現はおぼつかない。自立した再生可能エネルギー構造にしていくための基本的な構想を立案して早期に実現していくことが課題である。

## 2. 伊豆大島で何ができるか

　ゼロエミッションを実現するということはどういうことか。現状のインフラを維持するのであれば、内燃力発電所や自動車、暖房等から発生する二酸化炭素を回収・隔離するという仕組みを導入することで達成可能と考えることもできよう。とは言え、技術的困難さを克服したとしても、このような対症療法ではエネルギー面で自立しているとは言えない。再生可能エネルギーを 100％導入して、仕事や日々の暮らしの無駄を少なくしてエネルギー効率のよい機器を取り入れるという王道を歩むことが推奨される。

　そこで、伊豆大島で何ができるか、再生可能エネルギーの導入可能性を検討してみよう。

太陽光発電：　　もっともポピュラーな再生可能エネルギーであり、

前述のように公共施設に導入されているほか、10kW 未満が 77 件で 308kW（4kW／件）となっており、家庭への導入も進んでいる（「固定価格買取制度における再生可能エネルギー発電設備導入状況」による）。まだ島内約 4,500 世帯のうち 2％に満たないが、今後も導入が進んでいくものと考えられる。

風力発電： 伊豆大島の風況を見ると、陸上、海上ともに日本国内では優良であり、風力発電の導入ポテンシャルは高いと言える（「NEDO 再生可能エネルギー技術白書（第 2 版）」による）。しかしながら、面積約 91 k㎡のうち約 88 k㎡が国立公園であり、海上も同程度の指定がされていることから（「富士箱根伊豆国立公園（三宅島を除く伊豆諸島地域）指定書及び公園計画書」）、導入は容易ではないだろう。

水力発電： 地勢を見ると恒常河川はほとんど存在しないようである。「大島町水道事業基本計画」によれば飲料水は井戸と湧水に依存しており、河川の記載はないことから、水力発電の導入は望みが薄いと思われる。

バイオマス発電： 既に国内で多く導入されており成熟した技術であるが、面的に広く薄く分布しているバイオマスを如何に低コストで収集できるかが大きな課題である。伊豆大島の森林面積約 47 k㎡はすべて私有林であり（「伊豆諸島地域森林計画書（伊豆諸島森林計画区）」による）、ほとんどが国立公園内に賦存していると推定される。国立公園における伐採は厳しく制限されているため、私有林であるとは言っても、バイオマス利用のための施業は容易ではないだろう。名産の椿を利用することも考えられるが、剪定枝や椿油の搾りかすは炭化して土壌改良剤として施用されたり、

民芸品等に使用されていることから、利用可能性は不透明である。

海洋エネルギー： 伊豆大島の導入可能量を試算すると、海流発電が約 6,500kW、波力発電が約 1,800kW と極めて大規模であるが、今後の技術開発が問題である（「離島地域等における海洋エネルギー発電技術利用に関する検討」による）。潮流発電・波力発電ともに研究開発もしくは実証研究の段階で商用プラントは稼動していない（「NEDO 再生可能エネルギー技術白書（第 2 版）」による）。経済的に見合う段階まで技術開発が進展して社会実装されるのはかなり先のことであるから、海洋エネルギー利用も除外するしかないだろう。

地熱発電： 国立公園が大半を占めていることは、地熱発電の導入にも大きな制約となるだろう。国立公園の制約を超えた利用が可能になるとしても、年間 16 万人以上の温泉施設入館者がいる現状では、温泉への影響が生じる可能性のある地熱発電は難しい（八丈島で稼働している地熱発電所は温泉産業が存在しなかったため立地可能であった）。地熱発電ポテンシャルは「可能性はあるが、追加調査が必要」というレベルであるため（「平成 27 年度離島における地熱資源の活用可能性調査補助事業報告書」による）、積極的な導入は時期尚早であろう。

## 3. 伊豆大島の再生可能エネルギー導入提案

これまで見てきたことから、伊豆大島を支えていく有望な再生可能エネルギーは太陽光発電がもっとも有望であるが、単一のエネルギー源だけで日々の暮らしや産業を支えることは容易ではない。このような観点から、太陽光発電を中心に据えた再生可能エネルギー

の仕組みを検討してみたいと思う。

　改めて言及するまでもないことだが、自然系起源の再生可能エネルギーは経時的に大きく変動するため、電力系統に受け入れる際には系統側における同時同量が必要となる（電気の安定供給のためには発電量と使用量が常に同じになるよう調整する必要がある。電力会社等は電気の使用量を予測して発電量を調整する同時同量を行っている）。発電量の調整量が大きくなることは、それだけ容量の大きな設備や機器を設置しておく必要が生じるが、これは非効率であり、可能な限り小さな仕組みにするのがよいのではないだろうか。

　そうなると、分散型と集中型の組合せは必須であり、前者は家庭等の太陽光発電と蓄電システムの組合せ、後者は自治体もしくはエネルギー企業によるメガソーラーもしくはバイオマス発電と大型蓄電システムの組合せが考えられる（なお、非常用として化石燃料を検討しておくこともあり得る）。

　分散型の要諦は系統に逆潮流しないということである。太陽光発電の余剰電力は家庭用蓄電池に充電するが、その媒体は電気自動車（暫定的にプラグイン・ハイブリッド自動車も対象となる）に充電するだけでなく、併設している蓄電池に充電することも視野に入れるべきであろう。集中型はベースラインとしての役割だけではなく、産業用として設計することができるかもしれない。

　このような提案を満足するためには、オール電化を島内に実装することが必要となる。電力以外で稼働する器具や設備は多くあるだろうから、ゼロエミッションアイランドの実現に資するため、電気で稼働する機器に順次更新していくことが必要となると想定される。このような取組とは別に、送電ロスを緩和する直流送電を実験的に

導入することもあり得るだろう。

　伊豆大島のエネルギーをどうしていくのがよいか、駄足で試考し、提案してみた。現実に立脚してその意義を承認しつつ、どのように新たな方向を目指すのか、僅かな手掛かりに基づいて絵姿を敷衍して将来像を描いたのである。ことは容易ではないが、再生可能エネルギー特区のような法的経済的措置も準備して、伊豆大島を真の再生可能エネルギーで満たすための取組を進展させていくことが望まれる。

参考資料

「東京都離島振興計画」（東京都，平成 25（2013）年 4 月）

「再生可能エネルギーを活用した自立・幸福アイランド計画（利島村モデル）」（東京都利島村，平成 27 年 3 月）

「島しょ地域の再生可能エネルギー利用拡大」（東京都環境局, ページ番号：765-090-105）

「島しょ地域における再生可能エネルギーを活用した地域づくりに関する調査報告書」（公益財団法人東京市町村自治調査会，2013 年 3 月）

「大島町復興計画」（大島町，平成 26 年 9 月）

「大島町太陽光発電設備等導入事業について」（東京都大島町 HP，2018 年 3 月 31 日現在）

「都民ファーストでつくる『新しい東京』〜2020 年に向けた実行プラン〜」（東京都，平成 28（2016）年 12 月）

「固定価格買取制度における再生可能エネルギー発電設備導入状況」（経済産業省資源エネルギー庁　固定価格買取制度情報公表用ウェブサイト，2018 年 12 2 月末時点）

「NEDO 再生可能エネルギー技術白書（第 2 版）」（独立行政法人新エネルギー・産業技術総合開発機構[編]，2014 年 2 月）

「富士箱根伊豆国立公園（三宅島を除く伊豆諸島地域）指定書及び公園計画書」（環境省，

平成25年5月24日）

「大島町水道事業基本計画」（東京都大島町，平成20年2月）

「伊豆諸島地域森林計画書（伊豆諸島森林計画区）」（東京都，平成29年4月1日）

「離島地域等における海洋エネルギー発電技術利用に関する検討」（独立行政法人新エネルギー・産業技術総合開発機構，平成29年9月）

「平成27年度離島における地熱資源の活用可能性調査補助事業報告書」（一般財団法人エンジニアリング協会地下開発利用研究センター，平成28年3月）

# 6. 山菜王国　恩方ファーム構想

萩田　實<br>
農園家・森林インストラクター

　20年ほど前に、奥多摩町の当時の町長等と飲み屋で数度山菜をメインとした村おこしについて語り合ったことがあり、その頃のことを思い出しながら、「山菜王国　恩方ファーム構想」を思いつくままに書き述べましたが、今回「椿王国」という本を出版するにあたり、私の「山菜王国」実現への提言がどこまで有効なのかはわかりませんが、少しでもお役にたてれば幸いです。

## ■山菜王国"恩方ファーム"二つの考え

　山菜王国"恩方ファーム"づくりをどのようなスケールとステップで進めるかについて、A案とB案を考えました。

①A案：「スモール山菜王国」（図参照）を3年ほどかけて、地元の森久保地区メンバー2名程度と山菜愛好者10名で進めつつ本格的な山菜王国づくりを企画する。

＜どの山野草をメインにするかのポイント＞
- 地元森久保地区に自生しているもの
- 食用、薬用になり話題性のあるもの
- 拡大「山菜王国」でもメインに、販売可能な収益が見込めるもの

＜山野草事例＞
1. タラの木・・・山中から2月~3月採取植付
2. 山芋（自然薯）・・・市内の種苗店にて3月に種芋購入する
3. 山ウド・・・4月、5月山中に自生している場所を確認、10月採取、植付
4. ウコン・・・（山野草ではないが）3月に種苗店で購入、植付

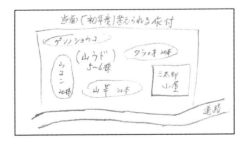

<手順タイミング>

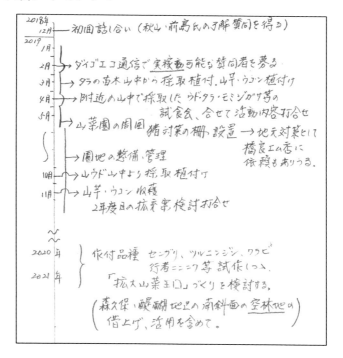

②B案：初年度「スモール山菜王国」づくりを完成させつつ、「ガーデン四季」（A案図参照）、更には地元上恩方地区の関連施設、賛同する農家を募り、参画させ、名実ともに上恩方地区「村おこし」と呼べる規模を企画、実践する。

<ポイント>

・数多い山野草の種々雑多な少量品種の「山菜王国」にするのではなくメインを絞り、商品化し、市場に供給できる量と規模にする。そのためには、「ガーデン四季」のみでなく、森久保、醍醐地区の活用されていない南斜面を借り上げ、

或いは地主に賛同して戴き「拡大山菜王国」を図る。
- メインの作物は、タラ、山ウド、山芋が考えられる。
  - ○タラの木：1000本
  - ○山ウド：100~200株
  - ○山芋：300~500本

以上は、3~5年後までに確保したい。
- さらに、八王子市農政部所及び地域振興対策部局の賛同を得て、連携或いは主導していただき、名実ともに「村おこし・地域おこし」を図る。
- 上恩方地区の観光地化、ガーデン四季を中心としたいわば、「山菜王国連邦」づくりを図る

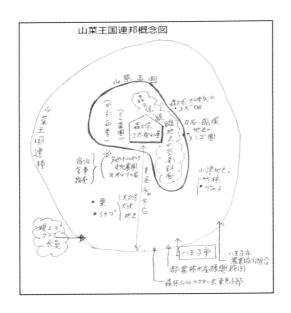

〈参考〉

①B案を進めるにあたって連携し、また支援を受ける必要があ

ると思われる団体・官公庁等は以下の通りです。
○当然のことながら
- 八王子市役所、地域振興対策担当部課
- 八王子市農協（特産物販売担当）

○直接の関係は派生しないかもしれないが、
- 林野庁高尾支所
- 東京都労働経済局林務課

○上手にもちかければ支援がえられる戦力の一部にもなりうる団体等
- 東京都農林水産振興財団森の事業課（立川市）
  …財力あり。傘下に10数人のボランティアも存在している。そもそも森の事業課そのものが山村振興を使命としている。
- 森林インストラクター会東京支部
  …会員約200人程度おり、PRすれば数人は手足が動く実稼働可能な人材が得られると考えられます。

○「夕焼け小焼けふれあいの里」及び「おおるりの家」
山菜王国での生産物の販売等、連携が必要。

②他事例:「おおかやば山菜園」（新潟県糸魚川市）

# 第5章　伊豆大島内外の支援体制

　伊豆大島はすぐれた観光資源を持つ地域であり、最近では日本ジオパークにも認定されている。地域資源の発見とその活かし方については、地域住民の主体性が重要であることは当然であるが、同時に地域住民を側面から支援する内外のネットワークの存在も重要である。その中でも、伊豆大島の地理的条件においては、都及び町をはじめとする行政関連の様々な施策・制度の活用が望まれる。この章においては、伊豆大島に関連する行政及び民間の支援体制の概要について述べる。

# 1. 伊豆大島の地域振興について

尾崎大介

東京都議会議長

　伊豆大島を含む島しょ部は東京都にとっても行政上の重要な位置づけがされている地域です。東京都が単にメガロポリスとしての都市機能だけに特化した地域であれば、実に無機質な都市にしかなりませんが、多摩地域と島しょ部は、その豊かな自然資源や文化歴史資源などの存在からしても、東京を世界に誇る潤いと豊かさのある首都として支える大きな力を保持していると思います。私も、都議会議長という行政上の立場とともに、与党の一員として、これまでも伊豆諸島全島を訪れ、島嶼振興の発展に力を入れてきました。私からの一言が少しでも地域の方々にお役にたてれば幸いです。

＜東京都の取り組みと課題＞

（東京都の取組）

　大島に対する都の支援・取組の1つに、離島振興法に基づき策定された「東京都離島振興計画」（平成25年度から令和4年度まで※図）がある。

　本計画には今後の離島振興の方向性が示されており、このうち、島別基本計画（大島）では、UJIターン者の積極的受入、産業の6次化、ジオパーク・観光特派員による観光振興を図るとしている。

また、都は、平成 28 年 12 月に策定した「2020 年に向けた実行プラン」が目指す「３つのシティ」の実現をより確かなものにするため、平成 31 年 1 月、「『３つのシティ』の実現に向けた政策の強化（2019 年度）〜2020 年に向けた実行プラン〜」を取りまとめた。

　この中で、観光客の利便性向上のため、キャッシュレス化の推進に向けた実証実験を実施することや、東京宝島推進委員会による島しょ地域のブランド化に向けた提言」の実現に向け、各島の主体的・継続的な取組の支援が必要としている。2018 年度にブランドコンセプトを構築した大島等については、それぞれの島で始まる主体的な取組を側面支援するため、情報提供や専門家派遣等の実施を今後の政策展開として挙げている。

**（課　題）**

　上述のように、これまで都は各種支援に取り組んできたが、大島には解決すべき課題が少なからず残っている。

　たとえば、大島は椿と暮らす島である。その椿の素晴らしさは、国際優秀つばき園に認定され、世界が認めたほどである。

　しかし、その椿を産業・観光振興の面から見た場合、そこには課題が全くないとは言えない。

＜課題と解決に向けた取組＞
(輸送手段)

　1つには輸送手段が挙げられる。以前は全日空が羽田・大島間の空を繋いでいたが、平成27年10月から運休となり、輸送手段が1つ欠けた状態が現在も続いている。羽田便が運航再開となれば、椿製
品の輸送手段の拡大だけでなく、災害時の島外避難手段や、(海外からの)観光客・島民の移動手段としての活用に繋がると考えられる。

(次世代へのイメージ継承)

　今後、次世代へ椿を産業として継承していくには、大島は椿の島であるという自覚・誇地を持つことが欠かせない。そこで、たとえば、マンホール蓋のデザインを椿 (例：仙寿椿) とし、全国でコレ
クターがいるほど人気であるマンホールカードを作成・配布してはどうか。

　大島では、伝統的な椿油しぼりを体験できる伊豆大島ふるさと体験館があるが、利用率が芳しくないという話を聞いている。そこで、大島空港の近くに位置し多くの観光客・島民が訪れる、ぶらっとハウスに隣接する交流広場やいこいの広場へ移転してはどうか。いずれの候補地も現在は利活用されているとは言えない状況であり、移転することで椿油しぼり体験の利用率が向上すると考えられる。

さらに、東京における、島しょ産品ブランド化支援モデル事業の対象産品として選定された利島村産の椿油の販路を大島内でも確保することで、店頭に大島・利島の椿油が並び、改めて自分の生まれ育った大島の椿油に注目するきっかけづくりになるのではないかと考えられる。

## （椿の島としての対外発信）

　今後、大島でキャッシュレス化が推進される方向性を踏まえ、付属機器であるカードリーダーのデザインに椿を採用してはどうか。海外観光客にも一目で伝わるよう、分かりやすいデザインとすることが望ましいと考えられる。

　大島の椿を国内・国外に幅広く発信するには、SNSの活用が欠かせない。

　しかし、撮影ポイントによっては、電柱が地上にあることで上手く撮影できないとの声を聞くことがある。そこで、より美しく椿を撮影し、観光客に発信してもらいやすくするため、無電柱化の取組を加速させることが必要であると考えられる。

　また、近年、大島はサイクリストの聖地と言われるほど、サイクリングを楽しむ観光客が増えている。そこで、大島一周道路やサンセットパームラインに初心者向けサイクリングコースを設定し、路面の端に椿をイメージした赤いラインを引いてはどうか。大島でサイクリングを楽しみつつ、自然な流れで椿の島に来たことを感じる機会が１つ増えるのではな

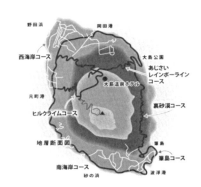

いかと思われる。あわせて、自転車をそのまま載せられるバスを運行（例：おのみちバス）し、車窓の椿旅の選択肢を増やしてはどうか。

## （都などによる情報発信）

　東京観光財団や東京諸島観光連携推進協議会といった関連団体のＨＰ等で大島の写真や情報が掲載されているが、古い写真を現在も掲載している場合や、有名観光スポットの写真そのものが未掲載の場合もあり、大島の情報をタイムリーに発信しているとは言い難い。これはすぐにでも改善が必要と考えられる。

　また、都は多摩地域について、多摩の魅力発信プロジェクトとして、キャラクター「たまらんにゃ～」を作成するとともに、専用ツイッターで情報発信を行っている。ぜひ、島しょ地域についても、同様の取組をしていくべきではないか。

## （主役は誰か）

　ここまで大島に必要な取組をいくつか述べてきたが、誰が実際に取り組むべきかという話になれば、それは大島町（町役場・住民・各種団体）であり、その取組を大島支庁（東京都）が支えるのだろう。

## （大島支庁の活用）

　大島には、いわゆるミニ都庁と呼ばれる大島支庁がある。大島町とは日頃から連携して各種事業に取り組んでいるが、特に人間関係が重要な要素である離島（大島）を

盛り上げていくには、更なる連携強化が必須である。

　偶然にも、この４月から、大島支庁には島を盛り上げたいという気概を持って、大島へ２度目の赴任をした人間がいる。

　彼は１度目の赴任の際、大島町役場へ出向し、２年間、土砂災害からの復興業務に携わるとともに、大島町観光産業課（現：観光課）と連携し、土日含め、ほぼ毎日ツイッターで観光情報の発信等に取り組んでいた。

　観光の町である大島の観光ポスターのモデルを任せられたことからも、大島町からの信頼が厚いことが伝わってくる。そんな彼ありきの提案だが、「島しょ振興専門主事」（仮称）といったポストを新設し、大島町との事務レベルでの各種調整業務を任せることで、大島町の取組を強力に支援できるのではないだろうか。

## （最後に）

　大島町の予算を見ると一目瞭然だが、その多くを依存財源が占めている。その点に気が付いていない、またはそれが当たり前と感じている方もいるかもしれない。

　しかし、親世代や大島の大人が、次の世代に何を残していきたいのか、どんな大人に育ってほしいと願うのか、こうした視点で考えた場合、これまでと同様に、国や都への依存を漫然と続けていくにはいかないということに気が付くはずである。

## 2. 伊豆大島と姉妹都市あきる野市

清水　晃（しみず　あきら）
あきる野市議会議員

　大島町との友好は、昭和60年当時の五日市町と東京都の"観光の町"としての発展を願い、友好都市の盟約書を取り交わしたことがきっかけです。

　大島町は人口8,000人、三原山、椿、あんこ、などで有名で同島の歴史は古く、今から約6,500年前に先住民が居住し、気候温暖で優れた自然景観は、富士箱根伊豆国立公園、海岸性自然公園の特色を生かし、「憩いの島」「観光の島」となっています。このような大島町と、あきる野市は交流事業として、例えばあきる野市産業祭においては、「友好姉妹都市コーナー」を設け、特産品の販売などを行い、また大島町の「大島・子ども体験塾」「大島町カメリアマラソン大会」には児童生徒の交流として招待され、参加しています。大島町の花・木は「つばき」です。一方、あきる野市には「港区民の森」「新宿区の森・あきる野」があり、都の他行政機関及び住民とのつながりを作っています。そのような、あきる野市の自然を生かしたこの大地で、大島町とも、たとえば新たな植物の育成研究に一歩踏み出していけたら、さらに関係行政の産業振興が深まるのではないかと念願しています。

# 東京都離島振興計画概要(平成25年～令和4年度)

## 東京都離島振興計画(平成25～34年度)の概要1

### 計画の位置付け

**〈計画策定の根拠〉**
○ 離島振興法に基づき、「離島振興対策実施地域」として国の指定を受けている伊豆諸島地域を振興するため、東京都が策定

**〈離島振興法〉**
○ 昭和28年制定、10年の時限立法として過去5度の改正・延長を経て、昨年6月に6度目の改正
・ 法期限が10年間延長
・ 定住促進を法の目的として明記
・ 離島活性化交付金等が新たに規定

**〈対象地域〉**
○ 伊豆諸島地域の大島町、利島村、新島村、神津島村、三宅村、御蔵島村、八丈町、青ヶ島村(2町6村、9島)

**〈計画の性格〉**
【意義】
○ 伊豆諸島地域の今後10年間(平成25～34年度)の振興の方向性を示す

【効果】
○ 計画に沿って実施される事業は、国庫補助率の嵩上げ措置の対象になる

【内容】
○ 国が定める「離島振興基本方針」に基づく
○ 伊豆諸島の各町村が作成した島別の離島振興計画案の内容をできる限り反映

### 広域的基本方針

**〈伊豆諸島の課題〉**
○ 継続的な課題
・ 人口減少、産業の低迷、地域活力の低下 ⇒ 将来的にコミュニティ崩壊が懸念

○ 新たな課題
・ 東日本大震災の教訓を生かした、新たな視点での防災対策の強化
・ 領海や排他的経済水域、海洋資源等の国家的利益を維持するための国土保全
・ 地域住民との合意形成を踏まえた、自然環境の保護と開発の両立

**〈振興の基本理念〉**
～定住促進と持続的発展による伊豆諸島の再生～

【目指すべき姿】
○ 独自の魅力により「住み続けたい・移り住みたい」と思える島
○ 地域の自立により持続的な発展を遂げている島

**〈振興の方向〉**
目指すべき姿を実現するため、以下の4点を重点的に推進
○ 産業・観光:農漁業の強化、産業の6次化、後継者育成、新たな視点の観光振興
○ 安全・安心:防災対策、医療・交通・情報通信等における本土との格差解消
○ 環境・エネルギー:環境の保護と開発のバランス確保、再生可能エネルギーの活用
○ 人材確保・育成:島づくりリーダー育成の仕組みづくり、UJIターンのトータルサポート

**〈施策を進める視点〉**
施策の実効性を高めるため、以下の3つの視点に立って取組を実施
○ 各島の個性を生かした取組で目に見える成果を出す
○ 地域主体の継続的な取組で一歩ずつ前進する
○ 各島の連携による広域的な取組で事業成果を拡大する

## 東京都離島振興計画（平成25～34年度）の概要2

### 分野別計画

**産業・就業**
(1) 農業振興：生産基盤整備、農地流動化、他産業との連携、担い手育成等
(2) 水産業振興：漁港漁場整備、水産資源管理、他産業との連携、担い手育成等
(3) 商工業振興：他産業との連携、特産品の販路拡大、商工業者の経営支援等
(4) 観光振興：SNSを活用した情報発信、修学旅行・スポーツ合宿の誘致等
(5) 就業促進：農漁業の新規就農者受入、雇用就業情報の本土での提供等

**防災**
(1) ソフト対応等：ハザードマップの見直し、統一的避難看板の設置等
(2) 国土保全等：海岸保全施設及び避難施設の整備、砂防・治山施設の整備等

**交通・情報通信**
(1) 港湾整備：港湾整備による就航率向上、魅力ある港湾空間の創造等
(2) 航路整備：貨客船の更新、新たな航路の検討、運賃の低廉化等
(3) 航空路整備：空港施設の防災性・利便性の向上、運賃の低廉化等
(4) 島内交通整備：島内バスの経営改善、道路の防災性向上等
(5) 情報通信環境整備：インターネット等の利用環境改善、携帯電話不感地域の解消等

**環境**
(1) 自然環境保全：公共工事と環境のバランス確保、エコツーリズムの推進等
(2) 再生可能エネルギー活用：再生可能エネルギーの調査・実験・導入等

**生活**
(1) 生活環境整備：高度浄水施設・合併浄化槽・ごみ処理施設の整備等
(2) 住宅対策：島の特性に応じた住宅供給、不動産取引の流動化等
(3) 医療・保健対策：医療従事者の確保、島外医療機関受診への支援等
(4) 福祉・介護サービス：介護サービス基盤整備、相談支援体制整備等
(5) 教育振興：ICT機器活用、学校間連携、島外の高校への就学支援等
(6) 文化・スポーツ振興：伝統文化・スポーツイベントの情報発信と観光活用等

**振興を進める体制**
(1) 人材確保・育成：移住者向けワンストップ窓口設置、島づくりリーダーの育成等
(2) 広域連携：分野の垣根を越えた連携拡充、支庁による課題のコーディネート等

### 島別基本計画

**大島 ～「プラス1の島づくり」～**
○ UJIターン者の積極的受入、産業の6次化、ジオパーク・観光特派員による観光振興、津波避難の抜本的対策、交通網の充実、再生可能エネルギーの活用などを図る

**利島 ～「地域資源型産業による島づくり」～**
○ 地域資源を生かした組織型農業・資源管理型漁業の推進、地域生産物を活用した観光による産業振興と経済的発展などを図る

**新島・式根島 ～「ふるさと自慢ができる島づくり」～**
○ 避難施設整備や町会との連携による防災体制強化、自然を活用した体験型観光推進、農業・漁業等の産業基盤育成、健康支援体制づくりや福祉の充実などを図る

**神津島 ～「暮らして良かったと実感できる島づくり」～**
○ 管理型漁業・ブランド化の推進、新規営農者研修施設の整備、体験型観光の推進、地域連携による医療・福祉・教育振興、交通・情報通信環境向上などを図る

**三宅島 ～「火山とともに生きる、新たな島づくり」～**
○ ジオ観光等による観光振興、共助体制構築等による防災対策、漁業就労者確保、新規農産物開発、空き家バンク創設、再生可能エネルギーの活用などを図る

**御蔵島 ～「グリーン愛ランド、御蔵島の実現」～**
○ ヘリポート・港湾整備、全天候型観光メニュー整備、農地の有効活用と特産品量産、農業と観光の連携、住宅・道路等整備、福祉基盤整備、自然環境保全などを図る

**八丈島 ～「クリーンアイランドの実現」～**
○ 農業担い手育成、資源管理型漁業、文化・スポーツを活用した体験型観光推進、再生可能エネルギーの活用、医療・福祉の充実、廃棄物適正処理、防災対策強化などを図る

**青ヶ島 ～「心あたたか元気な島づくり」～**
○ 防災面からの基盤整備、産業基盤整備と担い手確保、情報通信環境整備、保健・介護の充実、再生可能エネルギーの活用、スマートグリッド構築などを図る

# 東京宝島構想（抜粋）

## 東京宝島推進委員会

## 島しょ地域のブランド化に向けた提言

### 東京宝島推進委員会　委員

| | |
|---|---|
| アレックス・カー | 東洋文化研究者、NPO法人篪庵トラスト　理事長 |
| 大湯 達夫 | アロボ・インターナショナル株式会社　代表取締役 |
| 楓　千里 | 株式会社JTBパブリッシング　取締役法人情報事業部長 |
| 河野 奈保 | 楽天株式会社　常務執行役員 |
| 野口　健 | アルピニスト |
| 山田 敦郎（◉） | グラムコ株式会社　代表取締役社長<br>エグゼクティブブランディングコンサルタント |

（◉：委員長、五十音順）

## 第1章 はじめに

### (1) 東京の島しょ地域とは

○ 東京の島を構成する伊豆諸島・小笠原諸島は、2町7村からなり、総面積約400平方キロメートル、海域171万平方キロメートルで、我が国の排他的経済水域の約4割を東京の島々で確保しており、国益上も大変重要な役割を担っている。

○ 2万6千人余りの島民が暮らす11の島々は、豊かな海洋資源や自然環境に恵まれ、独自の歴史や文化を育んでいる。

**1 大島(大島町)**
人口　8,015人
面積　90.73㎢
距離　109km

**2 利島(利島村)**
人口　315人
面積　4.12㎢
距離　134km

**3 新島(新島村)**
人口　2,225人
面積　22.97㎢
距離　151km

**4 式根島(新島村)**
人口　528人
面積　3.67㎢
距離　157km

**5 神津島(神津島村)**
人口　1,878人
面積　18.24㎢
距離　172km

**6 三宅島(三宅村)**
人口　2,583人
面積　55.21㎢
距離　180km

**7 御蔵島(御蔵島村)**
人口　303人
面積　20.51㎢
距離　199km

**8 八丈島(八丈町)**
人口　7,706人
面積　69.11㎢
距離　287km

**9 青ヶ島(青ヶ島村)**
人口　160人
面積　5.96㎢
距離　358km

**10 父島(小笠原村)**
人口　2,126人
面積　23.45㎢
距離　984km

**11 母島(小笠原村)**
人口　468人
面積　19.88㎢
距離　1,033km

(注)
人口：平成29年1月1日現在住民基本台帳人口
面積：平成27年区市町村別面積調(島面積)
　　　(国土地理院)
距離：都庁からのおよその距離

## 第2章 東京の島しょ地域における潜在的価値と課題

○ 本委員会では、平成29年6月から12月にかけて、東京の島しょ地域の現地視察を実施してきた。

※ 現地視察の状況については、「委員現地視察の状況」を参照

地層切断面（大島）

○ 現地視察を通じて、気候風土に由来する個性的な特産品群や雄大で魅力あふれる自然資源に肌で触れ、改めて、良質な地域資源で溢れていることを確認した。一方で、ブランド化の障壁となる共通課題も浮き彫りになった。

原生林（御蔵島）

### （1）東京の島しょ地域が持つ魅力溢れる"宝物"

○ 「島しょ地域」と一言で言っても、規模や位置、自然環境や歴史背景などによって、その特性はそれぞれ異なっており、魅力はバラエティに富んでいる。本委員会としては、その資源や文化一つひとつが体験すべきコンテンツになり得るもので、極めて高い潜在的価値を有しているものと考える。

> 気候風土に由来する個性的な特産品群と雄大で魅力的な自然資源
> （例）
> - 全国有数の椿、椿油の生産
> - 種類豊富な焼酎
> - 豊かな海産物
> - 海洋資源（白砂、イルカ、クジラ）
> - 火山の恵み（雄大な景観と温泉）
> - 星空

椿（椿油）

温泉

焼酎

- 4 -

## 第3章 東京宝島ブランドのあり方

○ 東京の島しょ地域をブランド化する目的は、現地の価値観と顧客のニーズとのバランスを取った上で、経済的・社会的メリットを拡大することにある。
○ ブランド化を継続的かつ一貫的に推進していくためには、まず関係者の意識を同じ方向に向かわせるグループブランド（＝「東京宝島」ブランド）の構築が必要である。
○ この東京宝島ブランドを旗印に、東京の島しょ地域の魅力を内外に発信していくことが重要である。

### （1）東京宝島ブランドの構造

○ 前章で述べたように、個々の島々には素晴らしい個性が存在する。他方、11の島がばらばらにブランド構築を志向するより、ひとつのブランドを構築したほうが効率、インパクト、露出機会も高まる。
○ こうしたことから、東京の島しょ地域のブランド化では、ブランドの階層を、1つの包括的なブランドと11島の個別ブランドで構成することが望ましい。

**《東京宝島ブランドの構造》**

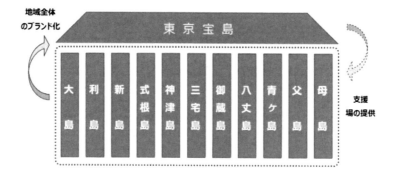

# 第6章　椿の話あれこれ

編集部

ツバキの植物としての特徴、種類、文化的意味等を補足する。

# 1. 植物としてのツバキの特徴

### 形態
・常緑性の高木、5〜6m
　　直径50cmにもなる
・生育が遅いが樹齢は長い

### 分布
・日本原産
　本州、四国、九州、南西諸島

### 世界に普及
・17世紀にオランダへ伝わる
　18世紀にイエズス会のヨゼフ・カメルによりヨーロッパに紹介され、ヨーロッパ中に拡がった。そこからカメリアと呼ばれるようになった。

### 日本のツバキの種類
・ヤブツバキ・・・北限は男鹿市能登山、青森県平内町
・ユキツバキ・・・寒くて雪深い内陸部

### 花期
・2月〜4月（最近は早咲きや遅咲きも開発されている）

### 花の薬効
・開花時の花は日陰で乾燥したものを煎じて飲むと滋養強壮、保胃、整腸の効果がある。

### 葉
・互性、葉身5〜12cm、原味がある。常緑。表は濃緑色、裏は薄緑
（葉の薬効）新葉はタンニン、クロロフィンを含み、切り傷、擦り

傷、おできに効く。

**果実**

・直径4〜5㎝、表面はリンゴのように赤い。熟すと種子が採れる。これを絞ると椿油が採れる。人間の肌成分と合うので化粧品や石鹸、また高級食用油にも適する。

## 2. 椿油の生産量

【トップ3】
- 長崎県　38.8kl
- 東京都　29.6kl
- 山口県　1.0kl
- - - - - - - - - - - - - - -
- 全国計　69.6kl

大島椿

（出所）

## 3. ツバキをシンボルとする自治体一覧（日本ツバキ協会調べ）

| 都府県 | 市町村 | 種類・表記 |
|---|---|---|
| 青　森 | 平内町 | ツバキ |
| 秋　田 | 男鹿市 | つばき |
| 岩　手 | 大船渡市 | つばき |
| 岩　手 | 陸前高田市 | つばき |
| 宮　城 | 多賀城市 | サザンカ |
| 宮　城 | 亘理町 | さざんか |
| 福　島 | 相馬市 | サザンカ |
| 栃　木 | 矢板市 | ナツツバキ |
| 埼　玉 | 川口市 | サザンカ |
| 埼　玉 | 上里町 | 八重ツバキ |
| 千　葉 | 旭市 | ツバキ |
| 千　葉 | 銚子市 | さざんか |
| 千　葉 | 木更津市 | ツバキ |
| 千　葉 | 館山市 | ツバキ |
| 千　葉 | 船橋市 | サザンカ |
| 千　葉 | 栄町 | さざんか |
| 千　葉 | 多古町 | さざんか |
| 千　葉 | 鋸南町 | ツバキ |
| 東　京 | 江東区 | サザンカ |
| 東　京 | 杉並区 | サザンカ |
| 東　京 | 大島町 | つばき |
| 東　京 | 清瀬市 | サザンカ |
| 東　京 | 利島村 | 椿 |
| 東　京 | 小笠原村 | ムニンヒメツバキ |
| 神奈川 | 横浜市 | サザンカ／ツバキ |
| 神奈川 | 川崎市 | ツバキ |
| 神奈川 | 逗子市 | ツバキ |
| 神奈川 | 秦野市 | さざんか |
| 神奈川 | 南足柄市 | さざんか |
| 神奈川 | 大磯町 | さざんか |
| 神奈川 | 二宮町 | ツバキ |
| 神奈川 | 湯河原町 | 椿 |

| 都府県 | 市町村 | 種類・表記 |
| --- | --- | --- |
| 青　森 | 平内町 | ツバキ |
| 秋　田 | 男鹿市 | つばき |
| 岩　手 | 大船渡市 | つばき |
| 岩　手 | 陸前高田市 | つばき |
| 宮　城 | 多賀城市 | サザンカ |
| 宮　城 | 亘理町 | さざんか |
| 福　島 | 相馬市 | サザンカ |
| 栃　木 | 矢板市 | ナツツバキ |
| 埼　玉 | 川口市 | サザンカ |
| 埼　玉 | 上里町 | 八重ツバキ |
| 千　葉 | 旭市 | ツバキ |
| 千　葉 | 銚子市 | さざんか |
| 千　葉 | 木更津市 | ツバキ |
| 千　葉 | 館山市 | ツバキ |
| 千　葉 | 船橋市 | サザンカ |
| 千　葉 | 栄町 | さざんか |
| 千　葉 | 多古町 | さざんか |
| 千　葉 | 鋸南町 | ツバキ |
| 東　京 | 江東区 | サザンカ |
| 東　京 | 杉並区 | サザンカ |
| 東　京 | 大島町 | つばき |
| 東　京 | 清瀬市 | サザンカ |
| 東　京 | 利島村 | 椿 |
| 東　京 | 小笠原村 | ムニンヒメツバキ |
| 神奈川 | 横浜市 | サザンカ／ツバキ |
| 神奈川 | 川崎市 | ツバキ |
| 神奈川 | 逗子市 | ツバキ |
| 神奈川 | 秦野市 | さざんか |
| 神奈川 | 南足柄市 | さざんか |
| 神奈川 | 大磯町 | さざんか |
| 神奈川 | 二宮町 | ツバキ |
| 神奈川 | 湯河原町 | 椿 |

| | | |
|---|---|---|
| 鳥　取 | 鳥取市 | サザンカ |
| 鳥　取 | 倉吉市 | つばき |
| 島　根 | 松江市 | 椿 |
| 島　根 | 西ノ島町 | 椿 |
| 岡　山 | 里庄町 | つばき |
| 広　島 | 呉市 | つばき |
| 広　島 | 府中町 | ツバキ |
| 山　口 | 萩市 | ツバキ |
| 愛　媛 | 松山市 | つばき |
| 高　知 | 土佐清水市 | 椿 |
| 高　知 | 黒潮町 | ヤマツバキ |
| 福　岡 | 福岡市 | サザンカ |
| 福　岡 | 久留米市 | 久留米つばき |
| 福　岡 | 大牟田市 | やぶつばき |
| 福　岡 | 筑後市 | サザンカ |
| 福　岡 | 筑紫野市 | 椿 |
| 福　岡 | 糸田町 | サザンカ |
| 福　岡 | 大任町 | 椿 |
| 佐　賀 | 上峰町 | ヤブツバキ |
| 佐　賀 | 吉野ヶ里町 | さざんか |
| 長　崎 | 五島市 | ヤブツバキ |
| 長　崎 | 松浦市 | つばき |
| 長　崎 | 壱岐市 | やぶ椿 |
| 長　崎 | 平戸市 | やぶ椿 |
| 長　崎 | 佐々町 | サザンカ |
| 長　崎 | 新上五島町 | ツバキ |
| 熊　本 | 熊本市 | 肥後ツバキ |
| 熊　本 | 苓北町 | ツバキ |
| 熊　本 | 五木村 | つばき |
| 大　分 | 大分市 | サザンカ |
| 大　分 | 日田市 | さざんか |
| 大　分 | 日出町 | サザンカ |
| 宮　崎 | 宮崎市 | ツバキ |
| 宮　崎 | 川南町 | サザンカ |
| 鹿児島 | 長島町 | 椿 |
| 鹿児島 | 枕崎市 | ツバキ |
| 鹿児島 | 大崎町 | サザンカ |
| 沖縄県 | 国頭村 | イジュ |

＜2018年8月調べ：日本ツバキ協会＞

## 4. 伊豆大島の紀行文

| 著者名 | 作品名 |
|---|---|
| アーネスト・サトウ | 伊豆大島 |
| 井上円了 | 伊豆大島紀行 |
| 里見弴 | 大島ゆき |
| 幸田露伴 | 昔日の大島・大島ものがたり |
| 巖谷小波 | 平和の島・俳味の大島 |
| 大町桂月 | 火を噴く島・配所の月・大島の導者 |
| 素木しづ | こゝろ |
| 松崎天民 | 大島より |
| 吉田常夏 | 泣きに来た島・玉ノ緒・寂しい大島より・火と花と女の島 |
| 吉田静代 | ひとつの流れ（一部） |
| 土岐善麿（哀果） | 孤島雑筆 |
| 土田耕平 | 島日記・椿咲く島（おとぎばなし）・力噺（童話） |
| 萩原井泉水 | 椿咲く島へ |
| 今和次郎 | 伊豆大島の住家・伊豆大島のキモノ |
| 谷川磐雄 | 大島民族拾遺 |
| 田邊尚雄 | 伊豆大島の民謡 |
| 高田義一郎 | 女護ヶ島今昔（一部） |
| 徳富蘇峰 | 大島遊記 |
| 中村清二 | 伊豆大嶋漫談・三原山・伊豆大島のとぼけた話・大島御神火の誇り |
| 徳田秋聲 | 大島の一夜 |
| 松田解子 | 大島の半面・大島の海・大島の夏・回想の森（一部） |
| 加藤淘綾 | 伊豆大島 |
| 藤森成吉 | 大島風物・月と花の島・島に寄せる愛 |
| 大佛次郎 | 南伊豆の海岸 |
| 林芙美子 | 大島行、伊豆の旅から・三原山 |
| 与謝野晶子 | 大島に遊ぶ |
| サトウ・ハチロー | 婦人倶楽部爆笑隊　伊豆大島三原山偵察記 |
| 加藤恵三 | 伊豆大島の旅 |
| 佐藤惣之助 | 島のぶだひ |
| 西條八十 | 私の作詞帖から・わが大島禮賛の記・下田から大島へ |
| モウリス・デコブラ | 椿のマドンナ |
| 木村毅 | デコブラと三原山に登るの記 |
| 小島政二郎 | 大島の話・クサヤのはなし（一部） |
| 井上友一郎 | 三原火口の悲劇を悼む |
| 兼常清佐 | 波浮の港、並木地村 |

| 著者名 | 作品名 |
|---|---|
| 浦本政三郎 | 大島より伊豆への旅（一部） |
| 杉村楚人冠 | 大島 |
| 牧野富太郎 | 大島櫻 |
| 本田正次 | 伊豆大島の春 |
| 萩原朔太郎 | 大島行・春の旅 |
| 丸山薫 | 大嶋の娘 |
| 井伏鱒二 | 伊豆大島 |
| 坂口安吾 | 流浪の追憶・湯の町エレジー・消え失せた砂漠—大島の巻— |
| 富岡丘蔵 | 伊豆大島の民家 |
| 富田三郎 | 火口より |
| 山本實彦 | 大島紀行 |
| 中村草田男 | 家族・友人への手紙 |
| 金田一春彦 | 伊豆大島を憶う・大島の春 |
| 斎藤清衛 | 大島に渡って |
| 依田秋圃 | 大島 |
| 中村地平 | 大島紀行 |
| 本山桂川 | 伊豆諸島の服装 |
| 中村武羅夫 | 椿咲く島へ |
| 田村泰次郎 | 大島 |
| 三島由紀夫 | 修学旅行 |
| 小山いと子 | 大島紀行 |
| 林甚之丞 | 伊豆大島の巻（一部） |
| 古志太郎 | 島の椿 |
| 斎藤吉永 | 伊豆大島の秘境—フノウの瀧を遡る |
| 江口渙 | 眞夏の大島の一夜 |
| 川端康成 | 伊豆の思い出（一部） |
| 河上徹太郎 | 大島の猟 |
| 辻まこと | 大島のうらおもて・墓標の岩 |
| アレクサンドル・ワノフスキー | 火山と太陽（一部） |
| 戸川幸夫 | 大島の裏道に鹿を追う・野犬物語 |
| 白鳥省吾 | 伊豆大島ゆき |
| 宮尾しげを | ひいみさま・大島・大島のお産・嫁とり |
| パール・バック | 大島へロケ・ハント（一部）・大島 |
| 篠原一 | 牧歌 |
| 安良岡康作 | 伊豆大島 |
| 宮本常一 | 伊豆大島・明治初年の伊豆諸島（一部） |

| 著者名 | 作品名 |
|---|---|
| 宮本アサ子 | 逝きし夫の思い出　伊豆大島の家のこと |
| 斉藤潤 | 常さんに誘われて、島へ。（上下） |
| 中川善之助 | 御神火の島 |
| 田中芳雄 | 大島回想記 |
| 小松左京 | 黒潮に秘められた伊豆七島の謎（一部） |
| 加藤輝男 | 波浮の港 |
| 上林暁 | 大島の野増にて |
| 林浩二郎 | 八月の北東風・夜へ |
| 一色次郎 | 夜の草（三原路）・流人の島を行く |
| 上村占魚 | 御神火 |
| 松川伊勢雄 | ひいみさま |
| 真壁仁 | 大島の旅 |
| 長部日出雄 | アンコ娘のいる町（大島） |
| 竹内勉 | 古い「あんこ節」を求めて |
| 三浦綾子 | 大島にて |
| 猪谷六合雄 | 大島行 |
| 宮地佐一郎 | 伊豆大島紀行（上中下）・伊豆大島余聞（上中下） |

# 5. 椿アート

藤井工房

**アンコの一刀彫**

**版画**

**ポスター**

# あとがき

　本書の出版に当たっては、伊豆大島にある縁で二度来島した私にとって4つの思いというものがありました。一度目は、伊豆大島を訪れるにあたって、私なりに伊豆大島の風土や歴史を"にわか勉強"したのですが、その時にお会いした椿園ホテルの女将の清水勝子さん（本書においてもお話を頂いています）との会話は私にとっても、非常に印象深いものとなりました。一つは、私も知識としては知っていた平成25年に起きた伊豆大島土砂災害について、その時の犠牲者への鎮魂とその後の伊豆大島の復興についての清水さんの熱い思いをお聞きしたことです。もう一つは、清水さんが先頭にたって推進している「アンコ文化」に関わる伊豆大島の辛くも豊かな人間の営みを感じたことでした。そのことが二度目の来島にあたって私に先述した4つの思いを抱かせることになりました。まず一つは、「大島椿油の普及」です。来島時に土産として購入した椿油を友人に進呈したところ、その友人（本書掲載の吉崎氏）から「椿油」の様々な特性を伺い、伊豆大島の産業にとって「椿油」が地域おこしの大きなキーワードであることに気付いたことです。二つ目は、清水さんからお聞きした災害と復興、そして犠牲者への鎮魂ということから、「波浮港にホタルを飛ばすことができないだろうか」という考えが頭に浮かびました。実は、私の活動の本拠地でもある八王子市恩方地域に「ホタル再生プロジェクト」を手掛けていたことがそのような考えを生んだのです。三つ目は、「里山エコトピア」という考えです。私は、活動本拠地で炭焼きをやりながら、生き馬の目抜く優

勝劣敗のすさまじい都会ではなく、人間が人間らしく生きることができるユートピアとして「里山エコトピア」を推奨推進しているのですが、伊豆大島こそ「里山エコトピア」の精神にふさわしい地域ではないか、と思ったのです。そして、四つ目として、そのような私の思いをどうすれば、伊豆大島の地域の皆さんはじめ、人間回復をもとめて様々な活動に取り組んでいる方、或いは新たなライフスタイルを試行錯誤されている多様な方々へ訴えることができるのだろうか、と考え「そうだ、本を出そう！」ということに思い至りました。

このような経緯で本書の発刊にこぎつけることができたことは、私にとっても万感の思いがこみ上げてきます。本書が様々な方の目に触れ、読者に伊豆大島の魅力とともに、伊豆大島に生きる住民の皆さんとの有機的なつながりのなんらかの架け橋の一助となることを願うものです。

2019年8月

炭焼三太郎

## 参考文献

柴山孝一編著〈伊豆大島の風俗』伊豆大島文化伝承の会 2013 年 9 月

永田米太郎著『大島』明文堂 1955 年 4 月

伊豆大島アンコ文化保存会『伊豆大島アンコ風俗』2016 年 6 月

伊豆大島世界の椿店実行委員会『椿』2002 年 8 月

神戸・カメリアン・ソサエティ『亀リアン』

中村信也・炭焼三太郎　監修『山菜王国』日本地域社会研究所 2015 年 3 月

谷田貝光克監修　炭焼三太郎編著『炭のある家』（株）創森社　2014 年 5 月

炭焼三太郎編著『里山エコトピア』　日本地域社会研所 2014 年 5 月

炭焼三太郎編著『コミュニティ・プロジェクト』日本地域社会研究所 2011 年 4 月

高橋康子監修　恩方一村逸品研究所編　『炭やき教本』宗麟社 2019 年 1 月

協賛企業：「環境霊園横浜みどりの森」「株式会社ナチュラル」

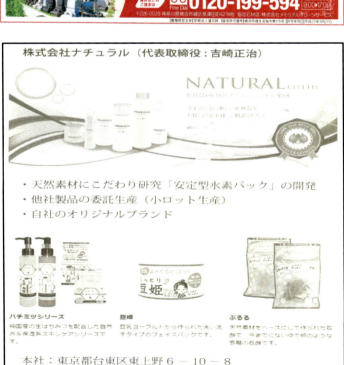

## エコハ出版の本

|  |  |
|---|---|
| 『環境ビジネスの新展開』2010年6月　2000円 | 日本における環境問題を解決するためには市民の環境意識の高揚が前提であるが、これをビジネスとしてとらえ、継続的に展開していく仕組みづくりがが重要なことを問題提起し、その先進事例を紹介しながら、課題を探っている。 |
| 『地域活性化の理論と実践』2010年10月　2000円 | 最近地域が抱えている問題が表面化しているが、地方文化の多様性こそが日本の宝である。今後地域の活性化のためは、「地域マーケティング」の考え方を取り入れ、市民が主体となり、地域ベンチャー、地域産業、地域のクリエイターが一体となって地域資源を再発見し、地域の個性と独自性を追求すべきだと提唱している。 |
| 『観光マーケティングの理論と実践』2011年2月　2000円 | 観光は日本全体にとっても地域にとっても戦略的なテーマである。これまでは観光関連の旅行業、宿泊業、交通業、飲食業などがバラバラなサービスを提供してきたがこれからは「観光マーケティング」の考え方を導入すべきだと論じている。 |
| 『ソーシャルベンチャーの理論と実践』2011年6月　2000円 | 今、日本で起こっている様々な社会的な問題を解決するにあたって、これまでの利益追求だけのシステムだけでなく、ボランティア、NPO法人、コミュニティビジネスを含む「ソーシャルベンチャー」の役割が大きくなっている。それらを持続的で効果のあるものとするための様々な事例について事例研究している。 |
| 『アクティブ・エイジング～地域で活躍する元気な高齢者』2012年3月　2000円 | 高齢者のもつ暗いイメージを払拭し、高齢者が明るく元気に活躍する社会を構築したい。そのための条件をさぐるため函館地域で元気に活躍されている10人の紹介をしている。今後団塊の世代が高齢者の仲間入りをしてくる中で高齢者が活躍できる条件を真剣に考える必要がある。 |
| 山﨑文雄著『競争から共生へ』2012年8月　2000円 | 半世紀にわたって生きものに向きあってきた著者が、生きものの不思議、相互依存し、助けあいながら生きる「共生」の姿に感動し、人間や社会のあり方もこれまでの競争一辺倒から「共生」に転換すべきだと論じている。 |
| 『ソーシャルビジネスの新潮流』2012年10月　2000円 | 社会問題解決の切り札としてソーシャルビジネスへの期待が高まっているが、それを本格化するためにはマネジメントの原点を抑えることとそれらを支える周辺の環境条件が重要なことを先進事例を紹介しながら考察する。 |
| 堀内伸介・片岡貞治著『アフリカの姿　過去・現在・未来』2012年12月（予定）2000円 | アフリカの姿を自然、歴史、社会の多様性を背景にしてトータルで論じている。数十年にわたってアフリカの仕事に関わってきた著者達が社会の根底に流れる、パトロネジシステムや政治経済のガバナンスの問題と関わらせながらアフリカの過去・現在・未来を考察している。 |
| （アクティブ・エイジングシリーズ）『はたらく』2013年7月　2000円 | 高齢になっても体力・気力・知力が続く限りはたらき続けたい。生活のためにやむなく働くだけでなく自分が本当にやりたいことをやりたい方法でやればいい。特に社会やコミュニティ、ふるさとに役立つことができれば本人の生きがいとっても家族にとっても、社会にとっても意味がある。事例を紹介しつつそれを促進する条件を考える。 |
| 風間　誠著『販路開拓活動の理論と実践』2013年11月1600円 | 企業や社会組織の販路開拓業務を外部の専門家にアウトソーシングするにあたって、その戦略的意義と手法について、著者の10年にわたる経験を元に解説している。 |
| （アクティブ・エイジングシリーズ）『シニア起業家の挑戦』2014年3月2000円 | 高齢になってもアクティブにはたらき続けるために『シニア起業家』の道もな選択肢である。資金や体力の制約もあるが、長い人生の中で培われた経験・ノウハウネットワークを活かして自分にしかできないやりがいのある仕事をつくり上げたい。 |
| （地域活性化シリーズ）『地域のおける国際化』2014年8月 | 函館の開港は喜んで異文化を受け入れることによって、地域の国際化におおきな役割を果たした。その歴史が現在でも息づいており、今後の年のあり方にも大きな影響を与えている。これをモデルに地域国際化のあり方を展望する。 |

| | |
|---|---|
| コンピュータウイルスを無力化するプログラム革命（LYEE）2014年11月 | プログラムを従来の論理結合型からデータ結合型に変えることによってプログラムの抱えている様々な問題を克服できる。プログラムの方法をLYEEの方式に変えることにより、今起こっているウイルスの問題を根本的に解決できる。 |
| （農と食の王国シリーズ）『柿の王国～信州・市田の干し柿のふるさと』2015年1月 | 市田の干し柿は恵まれた自然風土の中で育ち、日本の柿の代表的な地域ブランドになっている。これを柿の王国ブランドとして新たな情報発信をしていくことが求められている。 |
| （農と食の王国シリーズ）『山菜の王国』2015年3月 | 山菜は日本独特の四季の女木身を持った食文化である。天然で多品種少量の産であるため一般の流通ルートに乗りにくいがこれを軸に地方と都会の新しいつながりをつくっていこうとの思いから刊行された。 |
| （コミュニティブックス）『コミュニティ手帳』２０１５年9月 | 人と人をつなぎ都市でも地域でもコミュニティを復活することが求められている。昔からあったムラから学び、都市の中でも新しいコミュニティをつくっていくための理論と実践の書である。 |
| （地域活性化シリーズ）『丹波山通行ッ手形』2016年5月 | ２０００m級の山々に囲まれ、東京都の水源ともなっている丹波山は山菜の宝庫でもある。本書では丹波山の観光としての魅力を紹介するとともに、山菜を軸とした地域活性化の具体的方策を提言している。 |
| （農と食の王国シリーズ）『そば＆まちづくり』2016年11月 | 日本独自の食文化であるそばについて、その歴史、風土魅力、料理の作り方楽しみ方などを総合的に見たうえで今後に世界食としての展望を行っている。 |
| （理論と実践シリーズ）『新しい港町文化とまちづくり』2017年9月 | 北海道の釧路・小樽・函館をモデルに江戸時代の北前船を源流とする港町文化を見直し、今後のまちづくりとつなげていくという提言の書である。 |
| （農と食の王国シリーズ）『海藻王国』2018年1月 | 海の幸「海藻」はふるじゅじゃらの日本独自の食文化を形成してきた。海藻は美容や健康に大きな効果があり、日本の豊かな食生活を支えている。地域の産業としても、これからの国際的展開という面からも海藻を見直すべきだと論じている。 |
| （理論と実践シリーズ）『ソーシャルエコノミーの構図』2018年3月 | 今、日本で起こっている様々な社会的な問題を解決するにあたって、これまでの市場の論理や資本の論理ではない「第3の道」としてソーシャルエコノミーの考えじゃたが必要なことを論じ、その実践的な事例を紹介する。 |
| （日本文化シリーズ）土谷精作著『縄文の世界はおもしろい』2018年9月 | 日本文化の源流ともいえる縄文の世界は1万年も続いた。自然と共生し、戦争もない社会は現代文明のアンチテーゼとして見直されている。その生活や精神性を縄文遺跡群や土偶を紹介しながらその全体像をとらえる。 |
| （地域活性化シリーズ）『津津軽峡物語』2019年6月 | 津軽海峡は世界有数の海峡であり、自然、歴史、文化の面で魅力にとんでいる。これを挟んだ北海道道南と北東北は歴史的には深いつながりがあるので、これをを津軽海峡圏にしようとの動きがある。これを現実的なものとするには両地域の共通の瀬心的アイデンティティーや経済的つながりが必要な歩をとを検証スタ |

　現在、地域や社会で起こっている様々な問題に対して新しい視点から問題提起するとともに、各地での取り組み先進的事例を紹介し、実践活動に役立てていただきたいということで設立された。出版方式としてもは部数オンデマンド出版という新しい方式をし、採用した。今後も速いスピードで出版を続けていく予定である。

**（連絡先）**
　　神奈川県鎌倉市浄明寺4-18-11　鈴木克也
　　　（電話・FAX）0467-24-2738　　　　（携帯電話）090-2547－5083

地域活性化シリーズ
## 椿王国－伊豆大島里山エコトピア構想－

2019年8月25日　初版発行

編著者　炭 焼 三 太 郎
　　　　鈴 木 克 也

定価（本体価格2,000円＋税）

発行所　エ コ ハ 出 版
〒248-0003 神奈川県鎌倉市浄明寺4-18-11
TEL 0467 (24) 2738
FAX 0467 (24) 2738

発売所　株式会社　三 恵 社
〒462-0056 愛知県名古屋市北区中丸町2-24-1
TEL 052 (915) 5211
FAX 052 (915) 5019
URL http://www.sankeisha.com

乱丁・落丁の場合はお取替えいたします。
ISBN978-4-86693-114-2 C1025 ￥2000E